JN184809

介護の誇り

はじめに～今こそ介護に誇りを持とう

近い将来、介護ロボットが人に代わって、介護を行うことができるようになるのだろうか。人工知能を持ったロボットが、人の動きを見ながら、ロボット自身が考えて、状況に応じた対応ができるようになるのだろうか。

そうだとしたら、それはそれで良いことだ。そのことを否定すべきではないと思う。感情のないロボットに介護されるのはどうなのかという意見もあるのだろうが、人間には感情があるからこそ、喜怒哀楽の感情に寄り添うことができる反面、負の感情をそのまま利用者に向けて、不幸をつくり出すケースも決して少なくはない。プロ意識のない介護者の顔色を窺いながら介護を受けなければならないのであれば、感情のないロボットに、自分の身体を委ねた方が良いと考える人もいて当然だ。

ロボット相手なら、人に見られて恥ずかしいことであっても、恥を感ずる必要もなくなる。同性介護などという配慮も必要なくなる。知識や技術の教育も必要なく、プログラミングだけで、人の行為のすべてを支援できるロボットがあるとすれば、こんな楽なことはない。人手不足も補える。少子化も超高齢社会も、どんな社会情勢とも無縁に介護力は確保できるのだから、実用化できるものなら、そこにどんなにお金をかけても良いだろう。

そして、人と同じことができる介護ロボットと、介護の専門職である人間が、選択肢として競合するということが実現できたら、それだけで介護サービスの質は飛躍的に向上するのかもしれない。だから、人に代わることができるロボットができるというなら、その完成を急いでほしい。テクノロジーを最大限まで磨いて介護の現場で実用化してほしい。

しかし、現時点で僕には、人に代わることができる介護ロボットを想像することは難しい。それは、自動運転の車をつくることより、はるかに困難なことではないだろうか。なぜなら人間は、必ずハンドルを切った方向に向きが変わるわけではないからだ。ハンドルを切れない時もある。ハンドルに手が届かないことすらある。車ならば、燃料が切れれば止まるだけだが、介護ロボットの燃料が切れたら、死んでしまう人がいるかもしれない。入浴支援の途中で燃料が切れて、浴槽の中でのぼせて死んでしまう人がいるかもしれない。移乗途中で燃料が切れたら、落下して死んでしまう人がいるかもしれない。部品の故障・欠損によってどんな動きが起こるか想像もつかない。

そんな不確実なものを待っているほど悠長にはしていられないので、僕達は現実を見つめながら、対人援助としてふさわしい介護サービスをつくるのみである。そして、介護ロボットに頼らない介護の質、介護ロボットにはできない介護の質とは何かということを追求するのみである。そのための知識と技術を高めるためには、「誇り」が必要なのだ。

昨年、とある有名実業家が、フォロワーが240万人を超えている自身のツイッターで、**「介護のような誰でもできる仕事は永久に給料上がりません。いずれロボットに置き換わる」**とつぶやいて大きな話題になった。この発言に対し、介護関係者からは強い憤りの声が挙がり、反論も相次いだ。しかしこの発言を、すべて荒唐無稽な意見として無視してよいかと問われれば、僕はそうは思わない。少なくともこの発言を支持する人は、介護は誰でもできるから、報酬も安くて当然だと思っているだろう。ほかにも同じように考える人は日本中にたくさんいるという事実を、僕達は正面から受け止めなければならない。

誰にでもできるというレベルの介護しかしていない介護事業者があることは事実だ。僕達がいくらそれを介護とは呼ばないと言っても、世間一般の人に、その違いが認められないことにはどうしようもない。

介護施設の職員による暴力・暴言が、家族によって隠し撮りされる例が過去にも複数あったことを考えると、それが氷山の一角であり、どの介護サービス事業者も似たり寄ったりの状況があるのではないかと疑われるのもやむを得ない。

もちろん、僕達はそんな氷山とは全く別のところにいるし、そんな状態を許さない立場にあるが、いくら正論を述べても、利用者に向かってタメ口が日常的に使われて、サービスマナーのかけらもない対応が日常とされている職場が多い状況が変わらないのであれば、介護サービス従事者に特別なスキルが必要だという主張はまったく説得力を持たないだろうし、世間の誤解を解くことはできないだろう。よって、介護は誰にでもできる安かろう悪かろうという職業であると決めつける人もいて当然である。

介護とは、誰が行ってもよいものだ。そうであるがゆえに介護を職業としている僕達には、お金をもらって提供するにふさわしい仕事ぶりが求められており、顧客対応という意識が求められる。そこには専門知識や援助技術というものに加え、ホスピタリティの精神も必要となるはずだ。しかし某実業家の発言は、介護を職業とする人の多くが、そんな専門性とは無縁の素人レベルだろうという指摘でもある。そのことに真正面から反論するためには、素人にはできない高品質の介護サービスが実在し、それが職業として介護サービスを提供する場でのスタンダードになり得ることを証明しなければならない。顧客サービスとしてふさわしい対応と、専門技術と言えるサービスの品質を示さねばならない。そしてそれは、口先だけではなく、実践で示すしかないものだ。介護という職業は、「誰にでもできてロボットに取って代わられる職業ではない」と胸を張ることができなければならない。

僕達は、「介護なんか誰でもできる」と批評する人々が介護と呼んでいるレベル以上のサービスを提供しなければならない。そのために、人の暮らしを豊かにする実践を目指していかねばならない。僕達は、過去の遺物にすべき介護業界にはびこるいろいろな偏見や、誤った方法論を変える努力を続けながら、本当の意味で、安心と安楽の介護の方法論をつくり出し、それを積み重ねてエビデンスを生み出していく必要がある。某実業家には想像もつかない実践を積み重ねていくことが、僕達の唯一の反論である。そういう意味で、彼の指摘に目くじらを立てるのではなく、見返す実践努力を積み重ねていくことが、僕達にできる唯一の反論だろう。

幸いにして僕達の目の前には、僕達に信頼を寄せてくださる利用者や家族がおられる。僕達の介護サービスを利用して幸福感を抱いてくださるたくさんの方々がおられる。それらの方の暮らしぶりを変えることができた数多くの実践例がある。その一つひとつを振り返ると、介護という職業はまんざら捨てたものではないと思う。僕達がそこで真剣になって利用者を見つめ、その人たちが求めているもの、必要としていたものを探し出した時に広がる心からの笑顔。それは、ロボットでは感じられないし、ロボットでは引き出せないものではないのだろうか。

人と変わらない介護動作ができるロボットができたとしても、そのロボットと比べてもなお選択される人の手による介護サービスをつくるために何が必要か。僕達自身が介護サービスを利用しなければならなくなった時、僕達はそこに何を求めるのか。そんなことを本書では問いかけたい。

介護という職業が、公的保険給付サービスを中心に事業展開している公益性の高い事業であるとしても、そこで生活の糧を得る人々がいる限り、事業の収益性を確保して経営するのは当然である。しかし、そこで目を曇らせて利潤だけを求めるようにならないためには、対人援助サービスとして人の暮らしに深く関わり、誰かの暮らしの質に深く関与するという使命感を持たねばならない。そしてその使命を果たすべく、僕達が真摯に臨む限り、この職業は誰に対しても、誇ることができる職業になり得ると思う。

そうした介護の誇りを胸に抱き、100年先につながる介護の新しいスタンダードを、この時代につくっていきたいものである。本書において、その道筋を示すことができれば幸いである。

2017年5月

北海道介護福祉道場　あかい花　代表

菊地雅洋

目次

PRIDE 1 介護の誇りを穢す闇 13

PRIDE 2

介護のプロとして護るべきもの 47

PRIDE 3

対人援助の専門職としての誇り 75

PRIDE 4 認知症の人々の心に寄り添う 97

PRIDE 5
命に寄り添う使命

PRIDE 6

誇り高き介護を創るために

PRIDE 1

介護の誇りを穢す闇

人を護るべき介護サービスの場で，利用者の身体や心が深く傷つけられる事件が後を絶たない。時には無意識に，時には故意に人を傷つける行為の中には，許しがたい所業も含まれている。そのような行為に及ぶ人達の「心の闇」はどうして生まれるのだろうか。闇を振り払う術はないのだろうか。

PRIDE 1-1

ある裁判の判決から考えたこと〜熱湯を利用者にかけ続けた職員

2012年4月、静岡地裁でひとつの判決が下された。それは27歳の介護福祉士の被告に下された判決であり、罪名は「業務上過失致死」である。量刑は禁固3年、執行猶予4年というものだ。この事件は2010年4月24日に起こっている。被告は当日、老人保健施設（以下、老健）で夜間勤務をしており、服を汚してしまった男性（当時93歳）を裸にしてシャワーで洗おうとした際、男性が嫌がって暴れたため、体を押さえつけておよそ60度の湯を5分にわたってかけたというものだ。現場を通りかかった別の職員がシャワーを止め、被害男性は病院に搬送されたが、下半身などに重度のやけどを負い、同年5月5日に死亡した。

判決理由で裁判長は「入所者に適温を確認してもらうことは、基本的な手順。怠った過失は重大」とした。さらに「5分間、高温の湯を与えたことは拷問とも言うべき苦痛だった」と指摘した一方、施設の対応に対しても、やけどの冷却や速やかな救急搬送が行われなかった点を挙げ、「不適切な点があったことは否定できない」とした。

当初この事件は、被告が故意に利用者に熱湯を浴びせたとにおわせる報道があった。しかし起訴罪名は、傷害致死罪ではなく業務上過失致死罪であるから、あくまでも故意の傷害事件ではなく、シャワーの湯温を確認せずに洗身を行ったことによる「過失」であるとして執行猶予のついた判決になったのだろう。検察側は裁判の冒頭陳述で、被告が腹部の人工肛門《こうもん》から漏れた便で汚れた男性の体を洗浄する際に抵抗されたことで、余計な仕事が増えたといら立ち、湯温に気を配らずに高温のシャワーをかけたと指摘。男性が「やめて」と抵抗するとさらに立腹し、仰向けに押さえつけ、同僚に止められるまで計約5分間シャワーをかけ続けたとしている。つまり検察側も熱湯をわざと浴びせたわけではなく、「湯温に気を配らずに高温のシャワーをかけた」としているわけだ。

このことについて弁護側は、２０１０年12月に被告や施設側と男性の遺族の間で示談が成立したのに、県警が事件から1年以上たった２０１１年8月に傷害致死容疑で逮捕し、故意に熱湯をかけたかのようにされたなどと捜査や報道を批判した。判決で、裁判長は「湯の温度を確かめる基本的な注意義務を怠った」と指摘。「やけどは重篤で、被告の行為が被害者が死亡した最大の原因と認められる」としているが、それは注意義務を怠った結果であると結論づけている。

60度のお湯が出ているシャワーを手で持っている人間が、その熱さに気づかないのだろうか？ましてやそれを浴びて苦しがってもがいている人が目の前にいて、その苦しさに気づかず数分間湯を浴びせ続けるという神経は、どのような理屈をつけても人間として許される行為ではないように思う。

僕は、介護職員の一番のスキルは、介護サービスの現場で小さなことも見逃さず「気づく」ことであると言っている。そして職場や講演会では、「どうぞ気づく人でいてください」「気づいたことを代弁する専門職でいてください」と言っている。だからこの事件で、利用者のもがき苦しむ姿に何も気がつかなかった被告には、介護の専門家としてのスキルはなかったと思う。

判決内容をどうこう言うつもりはまったくない。しかし少なくとも、こうした事件で考えねばならないことは被害者のことである。93年間生きてきた人生の中で、様々な喜怒哀楽があったことと想像するが、その人生の最期の数分間、死につながるほどのやけどを負うような熱湯を浴びせ続けられた苦痛…。痛かったろうな。苦しかったろうな。本件被害者の人生は、最期の5分間で不幸せなものになってしまったのではないだろうか。結果責任として、そのことは被告が今後一生頭《こうべ》をたれて、十字架を背負っていかねばならないほどの罪だと思う。

故意であろうとなかろうと、我々は自らの手で、そのような悲惨な状況をつくりだしてはならないのである。あらためて被害に遭われた方のご冥福を祈るとともに、我々の周囲からこうした悲惨な状況をなくしていくために何が必要なのかを真剣に考えなければならないと思った。

利用者と向かい合う時に、1対1の関係性が生まれ、その中で、できること、すべきことをすべて自らの意思で決定できる対人援助者であるからこそ、そのことに恐れを抱き、自らの職業の使命感に基づいて、誰に見られても恥ずかしくない行為が求められると強く感じた。僕達自身が、対人援助を生活の糧とする職業の「誇り」を抱かない限り、介護の闇と呼ばれる部分は、この国のどこかに存在し続けていくのかもしれない。そのような不幸はないと思う。そのような国にしたくないと強く思う。

PRIDE ● 1-2

おせっかいがなくなる社会は怖い
～車椅子に乗った高齢者が踏切ではねられた事故から思うこと

2013年4月の昼下がりに、大阪府高石市の遮断機と警報機のある踏切で、電動車椅子に乗った男性が電車にはねられ亡くなるという痛ましい事故があった。結局事故原因は特定されなかったが、現場の踏切は起伏が多く、車椅子が立ち往生していたという目撃情報もあったそうだ。

電動車椅子の駆動輪は、一般の車椅子より輪が小さいものが多い。そうであるがゆえに、バイクや自転車のタイヤのように簡単にレールを乗り越えられないのである。特に前輪はレールの間に挟まってしまって、方向変換も身動きもできなくなるリスクが高い。亡くなられた方は、タイヤがレールの溝にはまってしまって身動きがとれなくなった状態で、電車の接近に気がついているにも関わらず、脱出できずにはねられてしまった可能性がある。遮断機が下りる直前に慌てて踏切に入ったわけでもないのに、踏切を渡りきれなかったという状況から考えると、それ以外の理由が思いつかない。残念ながら、この方が踏切内で身動きができなくなったことに、周囲の誰も気がつかなかったということだろう。そうであるなら本当に不運だと思う。

根拠のない想像であるが、この男性が立ち往生をしている状況に、気がついている人、あるいは「ちょっとおかしいな」と違和感を覚えながら、声をかけたり、手を貸したりせずに通り過ぎていった人はいなかったのだろうかと考えてしまった。そんなことは絶対あってはならないと同時に思った。

そう考えてしまうのには理由がある。２００９年７月に北海道のトムラウシ山で登山者９人が遭難死するという事故があった。トムラウシ山では、２００２年７月にも遭難死亡事故が起こっている。その時暴風雨で遭難し山中に足止めされた８人のパーティーのうち、２人が脳梗塞や低体温症で亡くなっているのだが、この時動けなくなった遭難者のすぐそばを、複数の登山者が声もかけずに通り過ぎて登山を続行していたという事実が明るみになり、地元の新聞で批判記事が掲載された。そのことを思い出してしまったのである。

今回の踏切事故にそうした周囲の無関心が関係しているとは言えないが、我々の周りには他人に関心を持たない人々が増えているように思う。他者のプライバシーに干渉しないということは当然だろうが、人の不幸にまで無関心である社会は、荒涼とした社会ではないだろうか。少しだけ声をかけたり、手を貸したりすることで守ることができるものがあるのに、それをしないで奪われるものがあるとしたら、これほど不幸な社会はない。

「おせっかい（お節介）」とは、いらぬことに口出ししたり、余計な世話をしたりすることであり、それは本来忌まれる行為である。しかし、おせっかいを恐れるあまり、必要な手出し口出しをしなくなってしまう社会は、おせっかいな社会よりもっと恐ろしい社会ではないのだろうか。人に対する適度な興味や関心は、人間関係を円滑にすると思う。そうであれば、おせっかいが存在する社会の方が、それがない社会より、社会生活を円満なものにするのではないだろうか。

団塊の世代が高齢期を迎え、現役を引退し、一人暮らしや高齢者世帯がますます増える現代社会において、「向こう三軒両隣」の古き良き地域社会がどんどん崩壊している。持ち家でないアパートやマンションなどの一室で、誰にも知られることなく認知症が進行し、生活に困難を生じていることさえ理解できない高齢者と、その集合住居のほかの入居者との間で様々なトラブルが増えている。一方で、隣人がどのような人であるかということに、まったく興味を持たない人が増えている。興味を持つことを恐れる人が増えている。

他人に興味を持つこと自体が、おせっかいであるとして嫌われる風潮があるのは怖いことだ。

他人への干渉がおせっかいとされる社会で子供が成長せざるを得なくなることは寂しいことだ。かつての日本の伝統社会では、他人のおせっかいをおおらかに受け入れ、そのことで人の情けを知り、人の道を学んだのではなかったか。

おせっかいで教えられる「人の情」を失った時、この社会は実に殺伐とした寒々しいものになるのではないだろうか。他人に関心を寄せないことがクールで格好良いなどと勘違いしない社会であってほしい。少なくとも、踏切を電動車椅子で横断しようとしている人がいれば、「大丈夫だろうか」と、その人に関心を向け、お手伝いした方が良いのではないかと気を揉むことが当たり前の社会であってほしいと思う。

そういう人に当たり前に声をかける自分でありたい。そういう子供達をたくさん育てたい。そしてこう問い続けたい。

「おせっかいという愛情表現があったっていいんじゃないか？」
「おせっかいがなくなる社会とは、人が幸福に暮らせる社会なのだろうか？」
「人に興味を持つことは、決して恥ずかしいことではないのではないだろうか？」
「おせっかいを恥じるより、人を人とも思わない無関心さを恥ずべきではないだろうか？」

自分自身の熱い心を失わないために、常にそのことを考えていこうと思う。

PRIDE 1-3

だから怖い! 感覚麻痺〜利用者にパンストをかぶせたグループホーム

介護サービスの場で虐待が行われる原因はいろいろあるが、一番多いのは不適切な行為がエスカレートし、乱暴な言動となり、虐待行動へと発展するケースである。この場合当事者は、最初から利用者を虐待するという意識はない。しかし、いつしか惰性と慣れの中で、心を乱し、乱暴な言動が日常行動となり、その醜さに気づかなくなって虐待行為を行うようになる。このことを僕は、「感覚麻痺」と表現している。介護サービスに携わるすべての人が、感覚麻痺に陥らないように注意すべきだと思う。

介護サービスには、まだまだ不十分な部分が残っている。そのことが、不適切サービスにつながってしまうことがある。だから良いサービスを目指す前に、普通のサービスレベルを目指さねばならない。常識的なサービスレベルをきちんと担保・維持した上で、それを基盤にして高品質なサービスが目標とされる必要がある。そのために、介護サービスの場で「それって普通?」という言葉を職員の合言葉にして、お互いそのことを言い合いながら、それぞれの職員が、「介護の常識は世間の非常識」という感覚麻痺に陥らないように、注意をし合わねばならないと思う。

ここで考えてほしいことがある。２００９年のクリスマスパーティーの日に、和歌山県のグループホームで行われた仮装イベントで、職員が入所者の顔にパンティストッキングをかぶせたり、２０１１年秋ごろに共有スペースでアダルトビデオを見せたりするなどの行為が発覚し、それが虐待ではないかと報道されたことがある。当時の新聞報道によれば、グループホームの責任者は取材に次のように答えたという。

「レクリエーションの一環で悪気はなかったが、まぎらわしい行為をしてしまったのは間違いない。誤解を招く行為はやめるよう指導する」

「不適切かどうか見解の相違はあるが、第三者に誤解を招く行為はやめるよう指導した」

クリスマスパーティーだからといって、ストッキングをかぶる必要性があるのだろうか？　人を笑わせる目的で、自らの意思でそれをかぶりたいという場合を除いて、そんなことをすべきではないと思う。特にグループホームという環境を考えると、本件は状況がよく分からない人に押しつけられた行為ではないかと疑われる。それは、ストッキングをかぶせられる人の人格とか、尊厳というものにまったく配慮のない行為であると言えるのではないか。自分の親がそんなことをされて喜ぶ子供がいるとでも言うのだろうか？　自分がそのようなことをされて嬉しいと思うだろうか？

僕は、クリスマスパーティーという場で、大人がサンタクロースの帽子をかぶるという行為もどうかと思う。自らの意思であればよいが、すすんで帽子をかぶろうとしない人に対し、サービスを提供する側の考えで「仮装させる」という行為そのものが、介護を必要とする高齢者を子供扱いすることと同じではないだろうか。利用者はその行為を本当に望んでおり、喜んでいるだろうか。自分が将来認知症になったとして、そういうことをされることを望むだろうかと考えてほしい。

認知症の人は、自分の意思や希望を適切に表明できないことが多いのだから、その人の気持ちになって、何をしたいのか、どうされたいのかを想像し代弁するのが我々の役割である。「レクリエーションの一環」といっても、それは大人が楽しむべきものであり、参加者をきちんと大人として見ているのだろうかと考えなければ、認知症の人の尊厳を奪い、その家族の心を傷つけてしまう結果に終わるとも限らない。

アダルトビデオを見たいという人がいたら、それを見ることは否定されるものではないが、それを見たいという人以外も巻き込んで共有スペースで堂々と見るものではなく、そっと隠れて見るものではないのか？　「レクリエーションの一環で悪気はなかった」とか、「不適切かどうか見解の相違はあるが」という言葉が出るということは、自分達の行為が許される範囲だろうという甘えがどこかにあると感じる。この感覚も、世間の常識とのズレがあるのではないだろうか。

グループホームという、限定された空間でしか通用しない理屈が、おかしいと感じなくなった時に、既に正常な感覚は麻痺していると言って良い。そうなってしまえば、その空間は「共同生活」を送る「暮らしの場」ではなく、管理者や職員の価値観ですべてが決まってしまう密室でしかなくなる。これは、ほかの介護施設でも同じことが言える。

人は簡単に感覚を麻痺させてしまうのである。そうしないためにも、管理者には感覚麻痺につながる小さなほころびを繕う役割が求められている。そのほころびとは、時には言葉遣いであったり、ONとOFFの切り替えができないような態度であったりする。レクリエーションにしても、顧客である利用者に対し「カワイイ」という感覚を職員が持ってしまうこと自体が、大人を大人として見ない感覚麻痺、年上の人を年上と意識できなくなっている感覚麻痺ではないのだろうか。

報道されている発言内容が事実であるとすれば、このグループホームの責任者は、感覚麻痺に陥っていることへの危機感を持っていないと思われる。この程度で騒ぐなよというニュアンスさえ感じる。そこから感覚麻痺が生まれ、不適切行為が虐待を生む例は、枚挙にいとまがないことを自覚してほしい。

人の暮らしを支援する介護サービス事業は、顧客である利用者の安全と安心を担保して運営される必要がある。そのためには、法令に精通した管理部門が内部監査等を含めて違法性をチェックするとともに、サービスの質を管理する必要がある。また、介護事業者に対して、どのような社会的要請があるのか把握した上で、どうしたらその要請に応えられるのかを考え、事業者として明確なビジョンを打ち出す必要がある。そのためには、介護サービス事業者の管理者が事業理念を示すことができ、職員全員がそれを理解する必要がある。

そうしたビジョンを実現できる組織を構築するためには、機関の常識が社会の非常識という状況を生み出さないことが求められるのだ。しかし、管理者がこの常識を失っているとしたら、その事業者は間違いに気がつく術《すべ》がなくなる。事業管理者の責任は重いことを、もっと自覚してほしい。その責任を自覚できない人であるなら、事業管理者失格とされるだけではなく、この業界から去るべきであると思う。

PRIDE ● 1-4

汚らしい言葉を恥じない厚顔

～無礼な言葉を使うベテラン気取りの先輩職員

利用者に対して「タメ口」で話しかけている人々は、その様子を見て、家族が何も感じていないと思っているのだろうか。それとも家族の目には、職員が「タメ口」で話しかけている姿が、親しげな関係を表していると映って、喜ばれていると思っているのだろうか。勘違いするなと言いたい。その場面を自分自身に置き換えたらどうだと問いたい。

専門学校を出たばかりと見受けられる若い職員が、自分の親に「タメ口」で話しかけている姿を見てどう思うのか…。時にその口調は、命令口調と受け取られても仕方がないし、荒々しい口調にしか聞こえない。それを見て誰が喜ぶというのだろうか。家族は哀しんでいるのだ。家族は悔しがっているのだ。それでも何も言えない人が多いのだ。人質をとられているようなものだから…。

汚らしく、無礼な言葉を使って何も感じない人間…そういう若者を大量生産しているのが、ベテランを気取った先輩職員である。それは決して介護のプロフェッショナルとは呼べない姿であり、言うなれば素人に毛が生えてはいるが、なまじ経験を積んでいるだけに始末に負えない、「厄介者」といったところだ。そういう職員を真似て、職場で口汚い言葉を顧客に対して使う人間がいなくならないのが、介護サービス事業の現状である。

「暮らしの場」とか、「生活施設」という言葉の本来の意味は、個人の尊厳が護られ、一人ひとりの思いを尊重して、個別性に配慮したケアサービスを提供するという意味なのに、「暮らしの場だから、丁寧語を使うと固苦しい」というふうに、意味の分からない理屈に置き換えられている。馬鹿を言うなと言いたい。

世間一般の日常の場面でも、「親しき中にも礼儀あり」という言葉は生きているし、自分が生活の糧を得ている職業場面で、そのサービスを利用する顧客に対して、タメ口が通用するということはない。介護サービス事業に携わる多くの人々が、こんな簡単な理屈に気がつかないのはなぜだろうか。顧客に対するサービスに、マナーやホスピタリティが求められないと考えるのはなぜだろうか。恐らくそれは、なんだかんだ言っても介護サービスがぬるま湯に浸かっていて、特段の努力をしなくとも事業経営が成り立っているからだと思う。事業さえ立ち上げれば、頭を使ったり、気を遣ったりしなくとも顧客確保に苦労せず、運営できる状態が長く続いた結果であろうと思う。介護施設は特にそうだ。そのような状態に甘えて、マナーのない仕事を続けていて何が面白いのだろうか。その職業のどこに魅力を感じ、誇りを持てるというのだろうか。

僕は自分の仕事に誇りを持ちたい。その誇りとは、対人援助の職業が人の幸福に寄与する仕事であるという誇りである。だから、自分の思い込みで相手を傷つけることは、できるだけ避けたいと思う。自分が良かれと思って使う「親しげな表現」が、相手にとってはなれなれしい無礼な言葉と受け取られないように、年上の人やお客様に対して使って不自然とはならない丁寧語でお話しする。それはサービスの質の担保である。それができないで何のプロかと言いたい。

僕は職場で、恥を知る職員を育てたい。自分の仕事をしている姿を、隠し撮りカメラで写されたとしても、何も問題ないと思える職員と一緒に働きたい。そのためには、自分自身が、そうあるように日々努めているつもりである。

PRIDE ● 1-5

言葉は心になる～利用者に手を上げ、暴言を浴びせる職員

北海道陸別町の特別養護老人ホーム（以下、特養）で職員の虐待行為が明らかになったのは、2013年5月のことである。その施設では、80代の女性入所者が、20代の男性介護職員2人から、夜勤時間帯に頬を平手で複数回叩かれ、暴言を浴びせられていた。さぞ怖かったろう…。

我々は、ほかの誰からも見られることがない夜間帯であるからこそ、「神のように自分の心ひとつで何でも決めることができることの怖さ」を知るべきである。対人援助に携わる者は、人の命や暮らしや尊厳を護《まも》る者としての使命感を持って接することが求められるのである。それを失うことは、人の心を失うことである。この事実を把握した法人は、4月1日からこの2人の職員を出勤停止にし、その後2人は依願退職したそうである。

夜間帯で、利用者と1対1で関わる場面で、利用者はそこから逃げることも、ほかの誰かに助けを求めることもできない。そうした中での暴力・暴言は、卑怯極まりない行為である。それは犯罪以外の何ものでもない。しかもこの施設では、退職した2人以外に、別の女性介護職員5人も暴力的な言葉を使っていたとして戒告処分を受け、施設長ら上司3人が更迭された。このように多くの職員が暴力・暴言という虐待行為を行っている施設の日常会話はどうなっていたのだろう。言葉遣いの教育はされていたのだろうか。

そもそも暴力的な言葉とは、どのような言葉なのだろう。暴力的な言葉とそうではない言葉は、どのように区別するのだろう。たとえば「ここで待っていてください」という言葉を、「ここで待ってなさいね」と言ったとしても、それは暴力的表現にならないのだろうか。「ちょっと待ってね」なんていう表現は暴力的な表現とは言えないかもしれないが、少なくとも顧客に対して使う言葉としては適切ではないだろう。僕は、そういう言葉かけには不快感を覚える。自分が利用者として使っているサービスの現場で、サービス提供に関わっている従業員が丁寧語を使わなければ不快感を覚える。それは顧客に対する暴言とは言えないのだろうか？

「李花に冠を正さず」という言葉があるように、人の暮らしに寄り添う我々の職業では、暴力的な言葉・暴言と思われかねない誤解されるような言葉を、日頃から使わないようにすべきだと思う。友達同士の会話で使うようなフレンドリーな言葉遣いを、顧客である利用者に対して使うことは不適切だと思う。堅苦しさを感じないようにフレンドリーに言葉を崩すことも誤解を受けるリスクが高い。そもそも、親しみやすさを示すために言葉を崩すのは間違っていると思う。適切かつ丁寧な言葉遣いでも、真心は伝わるはずだ。

僕はこの虐待報道があった日の朝礼で、報道記事を詳しく読み上げ、日常的に正しい丁寧語を使う必要性をあらためて職員に訴えた。たとえば、方言はその地域にとっての宝で、素晴らしい言葉であると思うけれども、顧客サービスの現場で、一般的に顧客に対して使わない方言で話しかけることは間違っているし、介護サービスの現場であれば、それが許されると考えるのは大いなる誤解であると思う。

世界一美しいと言われる日本語を、美しく使っても、利用者に対する親しみは失われないと思う。言葉を正しく使っておれば良いというわけではないし、丁寧語を使ってさえおれば良いというわけでもないが、言葉を正しく丁寧に使うことで、心の乱れを抑止するという効果はあるだろう。言葉を乱すことが親しみやすさと勘違いする現場では、顧客サービスであるという意識が薄れ、乱れた言葉が乱れた態度を生み出すだろう。

我々に求められていることは、乱れた言葉を使って親しみを表すことではない。言葉の質を落とすことが、利用者に堅苦しさを覚えさせない方策であると勘違いするなと言いたい。我々に求められていることとは、美しい丁寧語を、日常的に使いこなせるスキルである。丁寧な言葉を自然に使いこなしておれば、その言葉で利用者に堅苦しさを感じさせることはない。丁寧な言葉を日常的に、自然に使えていれば、その言葉で十分に親しみを表現できるであろう。

美しい言葉を、丁寧に発することができる人は、誰から見ても美しい姿に映るだろう。それは暴力的な言葉とか、暴言とかとは無縁の言葉であり、そういう言葉を日常的に使いこなせる場所で、利用者は安心・安楽の暮らしを得ることができるはずだ。

PRIDE 1-6

相模原障がい者施設での大量殺人に思うこと

～入所者19人の命を奪った元施設職員

社会福祉実践は「人間尊重」の価値観を基盤とするものだ。人間尊重とは、人がどのような能力を持っているか、どのような状況に置かれているかに関係なく、人として存在していることそのものに価値があるという人間観だ。それは決して建前ではなく、我々の唯一絶対の価値観である。なぜなら、人の尊厳を護ることも、この価値観によって支えられるものであり、それがなくなれば社会福祉実践は成立しなくなるからだ。そしてその価値観を失うことは、社会福祉実践者としての我々の存在意義さえ危うくする。

２０１６年7月、神奈川県相模原市の障がい者施設で、19人の入所者が刺殺されるという非常にショッキングな事件が起こった。犯人は日頃から、「障害者は不幸をつくることしかできない」「知的障害者や重複障害者は1人で生きることができず、税金で養ってもらっているのだから安楽死させるべき」などと自説を主張しており、そのことが犯行につながったとも言われている。その考えは人間尊重の人間観を破壊し、その価値観を持つすべての人に刃を向けるような歪んだ動機であり、それは犯人の醜い衝動を正当化する屁理屈にしか過ぎないし、犯行は人の所業とは思えない卑劣な行為でしかない。それが人格障害によるのだとしても、決して許されるものではなく、一分の正当性も認めてはならない。

我々は社会福祉実践者として、人間尊重をすべての社会で実現するように努めていかねばならない。そうであれば、こうしたショッキングな事件が起こった国で、対人援助サービスに携わる者の責任として、人間尊重の視点に基づいた自らの実践に歪みがないかを振り返り検証すべきである。

たとえば、重い認知症を持つ利用者や意識障害のある人に対して、そうではない人と異なった対応をしていないか、サービスマナーの変化が見られないかということも検証する必要がある。家族に対して丁寧語で会話する職員が、利用者に対してタメ口で話しかけるのは、この人間観を破壊し否定する行為につながりかねないのではないだろうか。

人によって分け隔てた対応を行うということが、知らず知らずのうちに、人間尊重の価値観を歪め、人の価値に軽重の差をつけ、利用者の人権を侵害してしまう危険性を持つのではないか。それはとても怖いことだ。

その怖さを自覚し、常に自戒しながら人間尊重の基盤が揺らがないようにしていかねばならない。それは今ここで我々がなし得る、この事件の被害者への唯一の慰霊の行動である。

PRIDE 1-7

奪うことを介護とは呼ばない～護ることをせず奪うだけの職員

我々は、介護サービスを提供することで生活の糧《かて》を得ている。それは我々が介護のプロフェッショナルであるという意味でもある。プロとして介護サービスを提供し、生活の糧を得るために、我々は利用者に対して、提供するサービスの条件や内容を事前に示した上で契約している。これは、法的な責任と義務を伴う約束事である。

こうした契約に基づくサービス提供の場所で介護を行っていないとしたら、我々は契約違反であるとして、その責任を追及されることになる。介護サービスの契約なのに、実際には介護を行っていないとしたら詐欺と呼ばれても仕方がない。しかし実際には、介護を行っていない契約違反のサービス事業者がたくさん存在するのではないか？　そんなことは考えられないだろうか？　提供されるサービスの質はともかくとして、介護を行っていない事業者なんてあり得ないだろうか？　そしてあなた自身は、本当に介護を行っていると自信を持って言えるだろうか？

介護とは何かを深く考えてほしい。それは、ある動作を手伝うという意味にとどまらない。動作支援をするだけでは介護とは言えないのだ。介護とは、その行為全体を支援することであり、それは突き詰めれば、人としての暮らしが成り立つ支援を行うことである。そしてそれは、人の暮らしを豊かにすることである。だからケアとは、介助ではなく、介護と呼ぶのである。

介護の〝護〟の意味は、護る、という意味である。我々は介護サービスを必要とする人々のいろいろなものを護っていく責任と義務を負っている。生命を護るだけではなく、その人が暮らしていく上で必要となる様々なものを護っていく責任と義務を負う。人として幸福に暮らしていくために、個人としての尊厳やプライバシーを護ることは至極当たり前のことである。

介護を生活の糧としていながら、サービス提供の場で、顧客に対してぞんざいな口のきき方しかできない人間であるとしたら、それは何を護っていると言えるのだろうか。それは実際には誰かの心を奪っているに過ぎないのではないか。タメ口で会話することが、親しみやすい関係を構築している結果であると考える人間が、介護のプロフェッショナルと言えるのだろうか。そしてそれは何を護っているというのだろうか。それは誰かのプライドを奪っているに過ぎないのではないか。

残念なことではあるが、我々の周りには、護ることをせず奪うだけの人間が存在する。それは悪意を持ってそうしているのではなく、気づかぬうちに、奪う人になっている。

関心を奪い、
価値観を奪い、
個別性を奪い、
プライバシーを奪い、
羞恥心を奪い、
尊厳を奪い、
人としての心を奪い、時には命さえも奪ってしまう。

そんなことが日常的に行われている状態は介護ではない。そんなことが許されて良いわけがない。そんなことを黙って放置してはならない。護るということを、もっと真剣に考える人間が介護サービスに携わらねばならない。プロとして何が求められているのかを真剣に考える人が介護を行うべきである。

物言わぬ人々の様々なものを護ろうとする人でないと、介護者として傍らに寄り添うことが許されないと考えなければならない。

PRIDE 1-8

恥ずべき壁〜高い志を押しつぶす介護職員

介護福祉士養成校で学ぶ学生の、最初の壁が介護施設等における「実習」である。その壁の意味が、介護のプロの知識と技術に触れて、自分がそのような介護のプロになれるのかと介護レベルの差を感じるというような、ポジティブで高い壁なら良い。しかし、現実には、「介護の仕事って、こんなことも許されるの？」というように、介護の常識が世間の非常識、という現実を目のあたりにし、そのことを指摘すると、「理想と現実は違う」「もっと現実に目を向けて仕事を覚えないと、介護職なんてやってられないよ」というふうに、高い志を押しつぶす恥ずべき壁が存在している。

その恥ずべき壁に押しつぶされて、志を失ってしまう学生や、介護という職業に誇りを感じられなくなってバーンアウトしてしまう学生が、毎年何人か出てくる。

人材難の折に、そんな変な壁に学生の高い志がつぶされるのが非常に残念である。人の役に立つ職業に就いて、そこで出会う人々を幸福にしたいと志を抱いている人達が、そういう形で介護の職業を目指すことを諦めてしまうのは、大いなる損失である。もちろん実習先がすべてそのような事業者ではないことは言うまでもないが、学生の理想をつぶすことが目的のような実習指導を行っている事業者が少なからず存在している。恥を知れと言いたい。恥ずべき壁としてそそり立つ彼らの言う「現実」とは、自分達のスキルを基準に考えている現実でしかなく、それが介護の標準ではないことに気がついていないと言いたい。

ある施設では、週2回の入浴介助が「最高基準」となっている。その施設では、利用者を週2回ずつ入浴させていれば問題なく、そこから一歩も前に進んだケアなど考えられない。それはその施設の現実であるとしても、そんな現実は人の暮らしとしては、極めて質が低いものであり、そんなものが介護サービスのスタンダードであってはならない。まともな介護施設ならば、法令上定められた、「一週間に二回以上、適切な方法により、入所者を入浴させ、又は清しきしなければならない」という規定を「最低基準」と考えて、どのような理由があろうとも、少なくとも週に2回は入浴機会があるのが介護施設のサービス原則であると考える。しかしそれは決して十分とは言えず、人としてふさわしい暮らしを護るために、創意と工夫を凝らして、それ以上のサービスを実現するのが使命であると考えるのが、介護のプロとして関わる者の普通の感覚である。そこから毎日入浴できる支援方法や、夜間入浴支援が可能となる方法論が生まれてくる。そうした方法論の積み重ねが、介護という職業の面白みと、誇りを生み出し、職員の就業意欲を高め、離職率を減らし、人材が確保され、さらなるサービスの品質アップにつながっていくのである。

介護サービスの事業管理者は、そのことを理解して、職員のスキルアップとサービスの品質向上は、事業経営とリンクするものであると考えなければならない。そもそも自分が週2回しか入浴できないとしたら、そうした環境に積極的に身を置きたいと考えるだろうか。毎日入浴しないと落ち着かない人自身が、週にたった2回しか入浴機会のない暮らしを何とも思わないのは、単なる感覚麻痺なのか、人間愛の欠如なのか、僕にはどちらか分からない。

法令は守るべきものではあるが、法令を守ってさえいれば人は幸せになるとは限らない。人の暮らしに関わり、人の暮らしに潤いを与え、幸福を運ぶべき職業である介護サービスは、人が何を求めているかということについて考えることを止めた時、人の苦悩に気づかなくなるのだ。そうなった時の姿は、驕慢《きょうまん》で醜い姿でしかないだろう。そうなりたい人はいるのだろうか。

どちらにしても、最低保障の法規定に縛られて、人が工夫をしなくなるのは人間としての劣化・退化でしかない。退化した人によって創られるサービスを甘受しなければならない人は、人としての矜持さえ失いかねない。そんな職業に誇りを持てというのは無理だ。そういう職業には決してしないように、理想をつぶす壁をなくすために何ができるのかを考え続け、訴え続けたいと思う。

PRIDE ● 1-9

反面教師だった人々～世間の常識を忘れ、感覚麻痺に陥った人達

僕はこの業界に入って、たくさんの先輩方にお世話になってきた。その方々の大多数が、尊敬できる素晴らしい人達である。

しかし一方では、こういう人にはなりたくないと思う人も見てきた。それらの人々は、僕にとっての反面教師という意味になるだろうが、その人達が実際に介護サービスの現場で行ってきたことを考えると、そこには劣悪な介護しか受けることができなかった数多くの利用者の存在が浮かんでくる。それは非常に悲しい現実でもある。

認知症の人に対して、何も分からなくなっているからと罵詈雑言を浴びせる人。おむつが濡れたままでも交換時間まで取り換えようとしない人。そうした濡れた布おむつが気持ち悪いから外そうとすると、その行為が問題だとして当然のように手を縛る人。そういう人達によって介護のスタンダードが決められていたその場所で、利用者が感じていたものは何だったのだろう。

戦争という辛い時期を耐え、生き抜き、その後の日本の経済成長期を支えた人々が、高齢期に何らかの障害を持って誰かの手を借りねばならなくなった時に、サービス提供側の論理で、自身

の尊厳を無視されて受けざるを得なかった介護。それは、とうてい介護とは呼ぶことができないもので、利用者はただそこで生かされているだけだったと言えるのではないだろうか。それは非常に罪深いことだし、そういう状況を、さして悪い人間ではない普通の人々が、何の罪の意識もなくつくり出してしまうことに恐ろしさを感じる。

我々はこうした歴史上の事実をしっかり胸に刻んで、同じ過ちを犯してはならない。理不尽な対応を我慢しないと生きられないという状況をつくってはならない。それだけ我々の職業には重い責任があると思う。まかり間違えば、誰かを不幸にしてしまうということの恐ろしさを常に感じていなければならない。そういう意味では、実際にどういう人達の、どういう考え方や実践方法が僕の反面教師となっているのかということを、介護サービスの一面の真実として伝え残しておかねばならないだろう。

たとえば、介護施設の多床室の使い方が法令で決められていないとしても、そこに他人である男女を混合させてサービスを提供するなんていうことはあってはならないし、そういうことは法令で規定しなくても行わないというのが世間の常識である。このことを考える時に、職業倫理とかコンプライアンスとかいう概念を持ち出して戒めることさえ気恥ずかしくなる。そんなことはあり得ないというのが常識である。しかし僕がこの業界に入った昭和58年頃には、特養の多床室では、男女混合居室が存在していた。僕はその現実に唖然とせざるを得なかったが、「実験的に」

男女混合居室をあえてつくって、その効果を確かめようとする人々が存在した。しかもそのことを研修会で「実践報告」したり、論文として発表したりしていた。

その人達の実験とは何か？　男女混合居室に何を求めたのであろうか。それは恐ろしい人権侵害とも言えるものである。彼らが行っていたことは、男女を同室にすることで、身だしなみに気を遣うようになり、だらしない服装や態度がなくなるという人体実験である。やる気のない人が、男女混合居室で異性を意識することによって、生活に張りを感じて、やる気が出るなんてことを平気で主張するのであった。

居室とは本来、一人室ではなくとも、そこを使う人にとってはもっともプライベートな空間である。そこは他人の目を気にせず、素のままの自分でいられる場所である。そういうプライベート空間に異性の目を持ち込むことで、くつろぎの時間と場所を奪うのがケアなのか？　その状態は、毎日ネクタイとスーツで過ごさねばならないという意味である。裃《かみしも》を脱げない生活を24時間、365日続けるという意味である。それは拷問に等しく、虐待と言っても過言ではない。このおかしさ、理不尽さに気がつかない人々を僕は決して見習うことはできなかった。

そのほかにも、利用者の希望でもなく、必要性もないのに定期的に居室を移動させられる「居室替え」にも疑問を持った。暮らしの主役である利用者の意向とは関係なしに、一定期間ごとに居室の移動を行うことにどのような意味を見いだせばよいのだろう。

入浴介助においても、一般浴室で男女混浴の入浴を提唱する人もいた。何のために混浴が必要なのだろうか？　それこそ施設サービスの現場を、世間の常識の通用しない場所にしてしまう最たるものだろう。特浴の入れ替わりの際に、男女が一時的に浴室で一緒になることについて「おかしい」と指摘すると、「本人達は何も気にしてないよ」とうそぶく人がいた。入浴介助を受けるたびに異性の目が存在することを常態化することで、利用者はそのことを恥ずかしいと思う心を麻痺させないと生きていけなくなる。怖いことだ。

こういうひどい状況をつくり出す人々自身は、それを問題だとは思っておらず、新しい時代のケアだと思い込んでいたわけである。悪気があったというより、介護施設の中で世間の常識を忘れ、感覚麻痺に陥っていった結果である。

人の暮らし、幸福、不幸、喜び、哀しみ、そういうものに対するごく普通の感覚を失ってしまった結果である。それは、自分の考え方ひとつで何でもできるという小権力と結びついて、利用者の暮らしを守るより、自分がそれをつくると勘違いしてしまった結果だろう。それは実に恐ろしいことだと思う。そういう歴史を繰り返してはならないと思う。

PRIDE 1-10

無関心は最大の罪～1室で6人の男女を雑魚寝させていた特養

2010年10月、愛知県岡崎市にある特養のショートステイを利用していた認知症の男性（77歳）が、同室者である認知症の女性（93歳）の首を絞めて殺害したという事件があった。その事件を報道したインターネットニュースには、犯行現場となった居室を入り口側から写した画像が掲載されていた。その画像を見ると、向かって正面左側には床に畳を敷いて、3組の布団が敷かれていた。右側は畳さえも敷いていない床に直接2枚の布団が敷かれており、布団と布団の間にもう1枚布団が敷けるスペースがあった。それは、本来ならば4人部屋しか認められていない特養の多床室であるのに、犯行現場の部屋には男女6人が布団を敷いて寝かされていた証拠となる画像であった。しかも、そこは他人である男女が雑居させられていたのである。

施設によれば、夜間徘徊《はいかい》があるなど、目が離せない認知症高齢者を6人部屋で就寝させることにしたという。その画像には入り口と反対側の居室奥の真正面に、何の囲いもないむき出しのポータブルトイレが置かれていた。それはこの部屋で、他人である男女が混合で介護を受けて、他人である異性の目から隠されることもなく、おしり丸出しで排泄させられていたという意味でもある。それを介護と呼べるのだろうか…。

認知症になったら何も分からなくなるとでも言うのだろうか。認知症になったら羞恥心への配慮はいらないと言うのだろうか。認知症になったら何でもありだと言うのだろうか。そんなことはあり得ない。自らの意思や希望を正確に表現できない認知症の人であるからこそ、我々はそれらの人の気持ちを想像し、それらの人々が望むと思われる暮らしをつくるために、その気持ちを代弁することが求められている。認知症の人に対するケアとは、そうした理解から始まるのだと思う。それが我々に求められる認知症の人の「代弁機能」（アドボケイト）である。

その施設には100人近い職員がいると思えるが、そういう状態の雑居部屋をつくって、見知らぬ男女が他人である異性の横で寝かされ、その部屋でおしり丸出しの状態でポータブルトイレへの排泄をさせられていることに何の疑問も感じなかったのだろうか。夜勤者の対応が大変だからという理由のみで、そういう押し込め部屋をつくることに何の疑問も抱かなかったのだろうか。そういう部屋に自分の親が入れられて、そこで同じような対応をされるとしたら、そのことを哀しいと思わないのだろうか。

この部屋で、見知らぬ男性に首を絞められて命を落とした93歳の女性は、人生の最期をそんな状態で終えてしまったのである。怖かっただろう。苦しかっただろう。辛かっただろう。哀しかっただろう。

僕達は過去を変えることはできないけれど、過去を教訓にして新しい未来をつくることはできるはずだ。こういう哀しい事件を再び起こすことがないように、そこでつくられた心が凍りつくような環境の部屋の風景を忘れないでおくべきだと思う。こういう状態がおかしいと気づく人にならなければと思う。

そのためには、人に対して愛情と関心を持ち続けることが大事だ。気づくために、他者に対する関心を持ち続ける専門性が、我々に求められている役割だと思う。

「愛の反対は憎しみではなく無関心です」

このマザーテレサの言葉を、今一度噛み締めながら、介護サービスというものをもう一度見つめ直していかなければならないと思う。

PRIDE 2

介護のプロとして護るべきもの

介護とは，誰もが行うことができる行為である。そうであるがゆえに，介護を職業とする人々には，介護のプロとしての矜持《きょうじ》が求められる。その基盤となる知識と援助技術を磨くためには何が必要なのだろう。介護のプロとしての揺るぎなき理念は，どのような考え方に基づいて得られるのだろうか。

PRIDE ● 2-1

それって普通？ の意味～介護を必要とする人々の尊厳

介護サービスとは、人を幸せにするために存在するものだ。それは単に誰かの命を永らえさせるためだけにあるのではなく、介護を必要とする人々の尊厳が護られながら、豊かな暮らしを送るために必要とされるものだ。

このことを建前にしてはならない。なぜなら、自分自身や、自分の家族もいずれそうしたサービスを利用しなければならなくなるかもしれないからだ。人を幸せにする介護サービスをつくろうとすることは、理想論や綺麗事で自らを飾ることではない。それは自分自身のために現実をつくり出すことであり、自分自身にとって切実な問題なのである。そうであるがゆえに、そこに人を不幸にするような「闇」を存在させてはならない。

しかし実際には、介護と称して、人を傷つけ、人を哀しませ、人を不幸にしてしまう状況が存在する。そうした状態をなくしていかなければ、いずれ自分自身が、介護と称する得体の知れない行為によって、自らの尊厳をずたずたに切り裂かれることになるだろう。

そうならないために何をすべきだろうか。まず当たり前のケアを行うことだ。良いケアを行う前に、利用者がごく普通の日常生活を営むことができるように関わるべきである。では、当たり前のケアとは何だろう。それは、世間の常識と介護サービスの場の常識を一致させるところからしか始まらない。

我々は世間の非常識が介護サービスの常識という状態を生み出し、利用者の尊厳を損なうことがないように、日々の業務の中で感覚麻痺に陥らないようにする必要がある。そのために日々の業務の中で当然のように行われていることであっても、職員間で「それって普通？」という言葉をかけ合いながら、世間の常識を確認していく必要がある。

介護事業者のルーチンワークとして、何の疑問もなく長年行われていた方法論も、一度「それって普通？」と問いかけて、見つめ直す必要がある。根拠に基づかず、経験にのみ基づいて行っていたことが、利用者の尊厳を奪うことになっていた例は、過去にもたくさんあった。排泄感覚を奪うおむつ使用や、プライバシーに配慮せず尊厳を損なう排泄介助や入浴介助。こうしたことをなくしていかねばならない。

人は、閉ざされた特殊な環境の中では、日常の感覚を奪われやすいのである。そもそも介護サービスの場を、特殊な閉ざされた空間にすること自体が間違っている。それは、我々の価値観によって何でもありの治外法権空間をつくることと同じであり、人の暮らしの場ではなく刑務所と同じとさえ云えるかもしれない。そうしないために我々が関わる介護サービスの場では、「それって普通？」の問いかけを行うべきである。それは、ゴールがあって、そこで終わりという取り組みではなく、エンドレスに行われていくべき取り組みである。

日々の業務の中で、「それって普通？」と職員間で声をかけ合うことでプロとしての多職種協働が生まれるのだ。云い合うことで本当のチームケアができるのである。上司や同僚に遠慮して、誰も云わなくなった時、誰からも云われなくなった時、その組織からは魂がなくなると主張している。「魂」という文字は、「云う」という文字と、鬼という文字が組み合わされた文字である。云うことをしないと鬼になるのである。人の暮らしを守るために魂を込めなければならない介護サービスも、チームメンバーが「それって普通？」という言葉をかけ合い、間違っていることについて指摘し、注意し合うという「云い合う関係」を失った時に、そこに「鬼」をつくり出してしまうのではないだろうか。

人は弱い存在だ。長きものにまかれやすく、低き場所に流れやすい存在だ。そういう存在であることを意識しながら自らの心を見つめていかないと、人は人の不幸を笑って見過ごしてしまう存在になっていく。しかしその姿は実に醜悪であり、自分だけがその醜悪さに気づかないことになる。人は常に間違う存在だ。だから常に確認し合う必要がある。そのために云ってくれる人、指摘してくれる人の存在が重要だ。だから、自らも云い続ける人にならなければと考えている。沈黙は鬼をつくる。人の命や暮らしに関わる我々は、そのことを常に自戒しながら魂のチームケアをつくっていく必要がある。そのための合言葉が**「それって普通？」**である。

誰も何も云わなくなった時に、非日常を日常と勘違いする感覚麻痺が生まれるのだ。我々に求められるチームケアとは、チームメンバーが妥協し合うことではなく、「それって普通？」という答えを見つけ出すために、お互い「云い合う」ことができる関係である。

こうした主張に対し、「普通ってなんだ？」という疑問が呈されることがある。それぞれの価値観は個人により異なるから、利用者それぞれが思い描く「普通の暮らし」には個人差があるだろうという意見がある。

しかし、この考え方はいただけない。個人差や個別性に配慮するのは良いが、我々が持つべき世間の常識を、個人の価値観には違いがあるという理由で見失ってはならない。それぞれの個別性に目を向けるあまり、大切なことを当たり前に考えられなくなるというパラドックスに陥ってはならないのだ。

このことを理解してもらうために、まず考えなければならないことがある。それは、我々は利用者に対し、家族に成り代わって、家族のように親身に関わることが求められているとしても、家族そのものにはなることを求められているわけではないし、求められたとしてもそれは無理な注文だということだ。そもそも介護サービス従事者が、利用者の家族と同じ存在になろうとすること自体が間違った考えである。介護サービス従事者は、あくまで家族とは違う第三者として、介護のプロとして存在し、利用者に関わるという意識を持っていなければならない。そうであるがゆえに、家族であれば許されることも、介護のプロである我々には許されないことがあるという意識が不可欠なのである。

ここで必要とされるのは、介護サービスの場とは、我々がお客様である利用者の方々に、ケアサービスという商品を提供して、そのことによって生活の糧を得る「顧客サービス」であるという意識である。我々に求められるのは、身内のフレンドリーさではなく、お客様に対する礼儀と節度を持ったサービスマナーである。つまり、僕が主張する「それって普通？」という言葉の、「普通」の尺度とは、利用者個人によって違うであろう価値観や判断基準という個別性によって左右されるものではなく、顧客サービスとしてふさわしいのかという、サービス提供側の基本姿勢という意味の「尺度」なのである。

たとえば、「トイレのドアを閉めないで排泄するという習慣を持っている人」がいたとする。だからといって、その人の普通はトイレのドアを閉めないことだから、排泄介助も第三者の視線から遮ることなく、オープンで行うべきと考えるのは間違いである。そうした人も天下の往来にある公衆トイレでドアを開け放して排泄することはないだろう。家族以外の第三者の目をまったく気にかけず、自分の最も恥ずかしい姿を見られたいということではないだろうという常識を持ちながら、顧客サービスとして排泄介助の場面に関わるとすれば、顧客のプライバシーを守り、なおかつ周囲の第三者に他人が排泄している場面を見せて不快感を与えないように配慮するために、ドアを閉めて必要な対応を行うことは至極当然のことである。それが普通の感覚というものだ。

このように、「それって普通？」の「普通」とは、個別の価値観の違いを推し量るものではなく、プロとして顧客に対するサービスとして、「ありなのか」という感覚である。これを考えられない人はプロではない。その感覚さえ失っているとしたら、そもそも顧客サービスに関わらない方が良いだろうし、世間の常識を一から勉強し直すべきだろう。

我々に求められているものは、介護のプロとしてふさわしい知識や援助技術であるとともに、社会人として当然持つべき常識感覚を失わないということであり、それ以上でも、それ以下でもない。

PRIDE 2-2

介護サービスが対象にすべきもの

～利用者と周りにいる家族の思い

認知症で職員に対して暴力行為が見られるAさんは、ベッドから車椅子に移乗する際に、優しく丁寧に声をかけ、嫌なところに触れないように、痛がらないように細心の注意を払っても、理由なく職員を叩く行為があり、職員にとっては「怖い人」だった。面会に来る妻にも笑顔を見せることはほとんどなく、怒鳴ったり、手を振り上げようとしたりして、その都度、なだめるのに苦労していた。

そんなAさんの誕生会を、妻と子供さんを招いて行った時、介護職員が何気なく、「Aさんは奥さんにとって、どういう人ですか」と尋ねた。すると妻は、間髪をいれず、「結婚してから一度も手を上げられたこともないし、いつも優しくて、家事も手伝ってくれる最高のお父さんですよ」と言った。

僕はその時、現在のAさんの印象とのギャップに驚いたが、同時に家族にとってAさんは、認知症があって暴力行為のある怖いお年寄りではなく、家族を守り育ててくれた優しい夫のままであり、尊敬すべき父親のままであることを知った。僕達がAさんに対して抱いているイメージなど、家族にとっては虚像に過ぎないのである。このことを理解しないと、家族と僕達の間には、埋めることのできない溝が生ずるし、そのことはやがて僕達が提供するケアサービスに対する不信感にもつながりかねないと思った。

僕達はそこにいるAさんという一人の人間に対し、必要なケアサービスを提供するだけではなく、Aさんの周りにいる家族をはじめとした様々な人々の思いも理解しながら、求められていることは何かということを考えなければならないと思った。それが対人援助を生活の糧とするプロの責任ではないかと考えた。

僕達は、そこにいる誰かと我々が提供できるケアサービスを結びつけるだけではなく、一人の人間が背負っている様々な背景をも視野に入れたサービス提供が求められている。なぜならそれは、その人の人生そのものを見つめるという意味だからであり、誰かの人生の一部に深く関わりながら、ケアサービスを提供するという形で人の暮らしに介入するということは、そういった視点を持つ責任もあるのだろうと考えるのである。

だから僕達には、利用者が背負ってきた人間関係や環境要因等、様々なものを見つめる目が必要だ。もちろん、一人の人間が背負ってきたすべてを知ることはできないし、すべてをあぶり出そうとすることは不遜でしかない。しかし同時に、そこにいる一人の利用者の周りには、様々な人々の思いがあるのだということを忘れてはならないと思う。それは、概念や意識だけの問題ではなく、時には僕達が利用者の家族への支援行為を直接的、間接的に求められる場面もあるという意味である。利用者本人ではない人への関わりは、僕達の仕事ではないということにはならない。利用者支援の一部に、家族の支援行為というものが含まれるという考え方が求められると思う。もちろん、家族が身体介護が必要な状態になったからといって、僕達が、直接的にその担い手になるという必要はない。しかし、必要なサービスを提供するために、必要な機関とつなぐお手伝いをしたり、場合によって精神的に支えるための相談に応じたりすることはあって良いわけである。そもそも対人援助の専門家の守備範囲は、狭いよりも広いに越したことはなく、まず介入した上で、最も適した専門家を探すという視点もあって良いものである。そうした考え方を持たない場合、制度の光が届かない場所にいる人々は、その冷たさにいつまでも震え続けなければならない。

この国の法律も制度も、人の暮らしを護るために、さほど整備された完璧なものではないのである。僕達には法律やルールに基づいた、根拠のある支援行為が求められるが、法の光を世間の隅々まであまねく届けるのがソーシャルワークであるという根本を忘れてはならないのである。ソーシャルアクションを起こして社会を変えることは大事だが、アクションによって変わるものを待っていられない人がそこに存在する時、我々自身のアクションで、護ることができるものは護らねばならないのである。
僕達が関わる対象は、そこに存在する尊い命であるということを忘れてはならない。

PRIDE 2-3

志半ばで命を失った人々を忘れない〜大きな愛になりたい

東日本大震災が発生した3月11日という日は、すべての日本人が祈りを捧げる日である。僕達は、多くの犠牲者が出た国で暮らしている。そこで生かされているものとしての何らかの使命があるのではないだろうか。あの震災で失われた多くのかけがえのない命。僕達は、亡くなられたそれらの人々が生まれ変わって来る時に、再びこの国に生まれたいと思えるような日本をつくっていく使命を与えられているのではないだろうか。

そのためにできることは必ずあると信じたい。それは我々のできる範囲で、周囲の人々に愛情を注ぎ続けることではないだろうか。人として人を敬い、人として人を愛し、人として人を思いやり、すべての人々が、つつましくても幸福な暮らしを送ることができる日本をつくっていくことではないのだろうか。そのために、自分でできることを続けることが大事なのだと思う。小さなことを大きな愛情を持って続けていくことが大事ではないだろうか。

東日本大震災が発生した平成23年3月11日は金曜日だった。地震が起こった時間は、午後2時46分である。津波の発生は地域によって多少時間が異なるが、地震発生から約1時間後というところであろう。平日のその時間帯には、僕達と同じように介護サービスの場で働きながら、その最中に瓦礫に埋もれ、波に飲まれて命を失った方々が大勢存在する。懸命に利用者を護ろうとして命を落とした方々もたくさんおられる。介護サービスの現場で命を落としていった利用者の方々もたくさんおられるであろう。それらの人々がやりたかったこと、やり残したことを、我々は代わって実現しなければならないと思う。生きている限りできることがあるはずだ。

私達の職業は、人に愛情を注ぐことで成立する仕事だと思う。人間として普通に人を愛しながら、普通に関わるだけで誰かの心に咲く花になることができる素敵な職業だと思う。そのことに誇りを持つことができる仕事なのである。そういう誇りの中で、出会う数々の利用者に対し、愛情を持って関わるだけで、新しい日本をつくる力のひとつになれるはずだ。そのことを信じ、一人ひとりの介護サービス従事者が大きな愛になってほしい。

志半ばで命を落とされ、天国で僕達を見守っている仲間達に、胸を張って語ることができるサービスをつくり上げていきたい。みんなで力を合わせ、みんなで心を合わせて、大きな愛で包まれる国をつくっていきたい。

PRIDE 2-4

自らを裁くもの～「人として大切なことは何か」と心に問う姿勢

どんなに施設を地域に開放しようとも、そこでサービスを提供する人々が「心の闇」を抱えておれば、施設は様々な場面で密室化されてしまう。表面を取り繕い、口では良いことを言っていたとしても、心に闇を抱えておれば、それは単なる建前に過ぎなくなり、言動が一致しない場面を生む。そこでは闇の中で心を傷つけられる物言えぬ利用者の哀しい姿が闇に埋もれている。物言えぬ利用者と1対1になる夜勤時間帯。そこでどういう顔を持つ人になるのかが個人の心ひとつで決まってしまうということは恐ろしいことだ。

日中、組織のシステムの中で表の顔は取り繕っても、自分の考え方ひとつで何でもできてしまう場所や時間が存在するのが介護施設である。自分を神の位置に置ける夜間に、心の闇を持った人間が利用者と対峙することで生まれる不幸はどこに向かっていくのだろうか。

人が人を傷つけてしまうことを恐れなくなった時、そこではどのような哀しみと不幸が生まれるのだろうか。人の哀しみや不幸にさえ気がつかなくなった「麻痺した心」の持ち主の、行き着く先に何が待っているのだろうか。

僕達の職業は、誰かの人生の最晩年期に関わる職業である。そこには、僕達の関わり方そのものが誰かの人生の幸福度を決定づけてしまいかねないという重要な意味が含まれている。本来、そういう場で生活の糧を得ているのであれば、そこでは人として大切なことは何かということを、自らの心に常に問い続けなければならない。それが人に関わる職業人の義務である。そういう責任感を抱けない人は、本来この仕事に就いてはならないのだ。そういう責任感を持てない人が、介護サービスという職業に携わることは罪深きことなのだ。

誰かの幸せを願って、誰かの心に咲く花になろうとして関わるのか、何も考えず生活の糧を得るためだけに、与えられた業務をこなすだけで、結果的に人の不幸をつくり、人の不幸を何とも思わない人間になるのか…。それは、「生きる」という意味をどう考えるのかにかかっている。それは「人間」の存在をどう見るのかという問題に関わってくる。どうせ限りある命なら、僕は生きている間に美しいものをたくさん見ていたい。それは誰かの笑顔であり、誰かの幸せだ。哀しみや苦しみを見たくはない。そういう哀しみや不幸をつくり出す人々の醜い姿も見たくはない。だから、自らの存在が人の不幸につながることを、僕は欲しない。

人の不幸をつくり、そのことを何とも思わない人間が、そのしっぺ返しを受けないわけがない。神様が見ているかどうかは知らないが、自らの目と心はそのことをしっかり見ているからだ。そんな行為や罪を、忘れ去って許してしまうほど、人の心は強くもないし、鈍感でもないだろう。

そうであるがゆえに…人の不幸を笑う人間は、いつか自らの心に裁かれるであろう。
裁きは神によるものではなく、自身の心によるものだということを思い知る日が来るだろう。

PRIDE 2-5

心を動かす先に何が実現するのか

～誰かの暮らしの幸福度を高めるための行動

我々がサービスを提供する対象は、人そのものである。そうであるがゆえに、人の暮らしに深く関わり、人の命に深く関わらざるを得ない。結果として、特定個人の人生の一時期だけに関わるとしても、その人の人生の幸福度に大きな影響を与えてしまうかもしれない。そのことを負担と感じるか、何も感じないか、やりがいと感じるかで、そこで働く人々のモチベーションも、仕事に対する満足感も違ってくるだろう。

僕は、介護サービスの現場で働くすべての人に、そのことを重大な責任であると捉えるとともに、それほど重要な仕事に従事し、誰かの人生の幸福度を高めることができるということに、誇りを感じてほしいと思う。そのために何をすべきか考える人になってほしいと思う。そうだとしたら、我々の仕事に頂上はない。

状況（環境・年齢・意識等）は、一定ではなく常に変化する。それに対応するために、今のベストは、明日のベストではないと考え続けていかねばならない。だから我々の職場にマンネリズムは許されない。根拠のない「こうすることになっている」という経験則だけの方法論は必要とされない。向上心を失うような経験等、何の価値もない。心を鈍らせることは許されない。求められているベクトルの向かう方向は常に上であり、前である。一歩でも二歩でも前に進もうとする気概がなければならない。この時、求められているものがあまりに遠いところにあるからといって、踏み出せる一歩まで諦めてしまうことが一番だめなことだ。踏み出せる一歩がある限り、我々は前に進む可能性を持っているのだ。その一歩を諦めてしまうことで、我々はたくさんのものを失ってしまうだろう。

一方で、我々の周囲にはたくさんのバリアがあることを否定しない。そのバリアがたとえば職場環境や、上司や同僚や部下であることもあるだろう。特に新しい何かをしようとする時、ありもしない想定で、できないことの理屈を考え出す人がいる。「数人だったらできるけれど、全員が望んだらできない」等という想定しかせず、結局何もしようとしない人は、したくない自分を隠して、しないための屁理屈をつくり上げているだけだ。

そういう屁理屈に付き合う必要はない。そういう人間に付き合う必要はない。できることから始めて、何かをしようとしない誰かが、自分自身を恥ずかしく感ずるようにすれば良い。そういう恥を感じないような人なら、可哀想な人と思って哀れんでやれば良い。

自分だけ何かをしていることは、自分にとっての不利益で、不公平だと思う必要はない。介護の現場に限って言えば、求められる新しいことをできる人が、誰かにとっての求められる人材である。それは、人より優れたスキルと言え、そうしたスキルを得ている自分を誇るべきである。それは、本来羨ましがられるべきことなのである。できない理由を探している人は可哀想な人だ。できる方法を考える人は美しく尊い存在である。

何が大事で、何が大事ではないのか。人の心の栄養になるものは何かということを考えた時、今までと違った世界が開けることだってある。少なくとも、誰かの暮らしの幸福度を高めるために、ともに歩もうと汗をかくことは、そのことに対して何もせずに、汗することのない人より幸福なのだ。損なんかしていないのである。

時には過去を振り返って物思いにふけることがあっても良いだろう。立ち止まって過去を懐かしむことがあっても良いだろう。でも、それは後からいくらでもできるはずだ。僕達が忘れてはならないことは、常に心を動かすということだ。見えない明日の向こう側に向かって心を動かすということだ。

その時、初めて見えてくる光があるだろう。どんなに困難な明日であっても、光のない明日はないのだから、そこに向かって心を動かし続ける方が賢い。

PRIDE 2-6

戦争体験者が高齢期を迎えている国の介護
～人生の幸福度を左右するかもしれない高齢者介護

真珠湾攻撃から玉音放送があった日までを、「太平洋戦争」の期間と考えるとしたら、それは日本時間で１９４１年（昭和16年）12月８日から１９４５年（昭和20年）８月15日までということになる。

今現在、介護施設で暮らしている方々の生年月日を見ると、大正生まれの方と、昭和１桁生まれの方が多い。すると多くの利用者が、物心ついた時期以降に太平洋戦争を経験していると思われる。まだ記憶の片隅にしか残らない幼児だった人もいるが、多くの方は、今の学制で言えば、小学校高学年から高校生くらいまでの多感な時期や、青春時代真っ只中で戦争を体験している。それらの方々は、日頃饒舌な方であっても、日常会話の中で、ほとんどその時期の戦争体験を語ることはない。その時期の話になると、急に口が重くなる人もいる。それだけ重苦しい体験であったのではないだろうか？

２０１３年2月のある朝、当時勤めていた施設に出勤すると、僕のデスクの上に1枚の封筒が置かれていた。それは郵送で届いたものではなく、切手の貼っていない封書で、聞くところによると併設のデイサービスの職員が、医療機関に入院中の利用者の見舞いに行った際に、その利用者と同室の患者さんから、僕に渡してほしいと頼まれた手紙であるとのことだった。その患者さんは、新たに入院してきたデイサービスを利用されている方から僕の本『人を語らずして介護を語るな ＴＨＥ ＦＩＮＡＬ～誰かの赤い花になるために』を借りて読み、デイサービスの職員が面会に来ることを知って、読後の感想を手紙に書いて用意していたようである。

封を切ると、中には7枚の便箋に書かれた手紙が入っていた。手紙の冒頭で、送り主の方は84歳の女性であると自己紹介されていた。そこには、自分は病人ではあるが、その病院の中でほかの入院患者さんにとっての「赤い花」になれると思って勇気をもらえたと、嬉しい言葉が書かれていた。そして僕に対するエールの言葉が書かれているのだが、同時にそこには、その方が体験した戦時中の思い出が綴られていた。思い出といっても辛い思い出である。その方が12～16歳までが戦争期間であったと思われるが、その内容を紹介させていただく。紹介引用文は、臨場感を失わないように原文のまま、文字使い等も修正せずに転載させていただく。個人名や個人の特定につながりかねない部分については伏字とさせてもらった。

私わ昭5年○月○○日生まれです。○○さんと同じですね。横浜生まれで14才の時にB29にやられ　おとうさんわボークゴを出来上がった所に戦地に　○月○○日戦死ということでした　兄さん姉さんもいたのですが　どこへ行ったか今だにれんらくなしです。

母と2人で食べる物もなくて　母のおよめ入りの着物を持ってお米1合ととりかえる帰りに日本のケンペイにつかまり取られ毎日でした。

最後にわ　地より出てくるミミズを食べました、太いミミズ、うどんだと思って食べるのよと母が　2人で食べました　1生わすれません　色々と仕事もなく　夜になれば町かどに（パンパン）のお姉さん達がまっている　お姉ちゃん何しているのと聞けば　生活のためと言っていました。（以下略）

＊　＊　＊

70代以降の高齢者の方々は、似たような辛い体験をお持ちの方が多いはずである。あの戦争の時期を生き抜き、今高齢期を迎えて心身の障害から、他者の支援を必要とするようになった方々の最晩年期に我々は関わっている。その時、それらの人々が、「辛い体験はあったけど、あの時命を失わずに長生きできてよかった」と思えるのか、それとも長生きしたことで、自分の体の自由がきかなくなって、そのことにより、若い他人から施しを受ける存在となり、そこで介護する人間の思うがままに生かされて、「こんな辛い思いするなら、あの時死ねば良かった」と思うのか、それはすべて我々の考え方と、接し方によって左右されてしまう。その責任と怖さを意識すべきだ。

そういう人々の暮らしを支える存在になろうとしないのであれば、我々の職業に価値はない。そういう人々の心に咲き、そうした人々の心を癒す、花のような存在になろうとした時、我々は初めて自らの仕事に誇りを持つことができるだろう。ミミズをうどんと思って食べないと生きていけなかった人々の苦労を思えば、せめて今、平和で食べるものにあふれたこの時代に生かされている自分は、そのことに心から感謝して、そういう人々が、口からものを食べられる間に、美味しいものをたくさん食べてほしいと思う。もし仮にそうした人々が、自分でものを食べることができなくなった時、食事介助をする際には、ただ単に栄養補給のための食事摂取支援を行うのではなく、美味しく食べ続けることができるように、できる限りのお手伝いをしたいと思う。それが普通の心だと思う。それなのに、スプーンの上にすくったものを見た時に、自分の口に入れるのをためらうような形状のものを平気で他人の口に突っ込んで、何の疑問もなくそれを食事介助だと思っている人がいる。それは不遜なことだ。許されないことだ。

現在我々は、戦争とは無縁な社会で平和に暮らすことができており、そのことが当然だと思っている。しかしこの国は、あの戦争で最愛の肉親を失い、食べるものも食べられず、口に入るものを何でも飲み下して、やっとの思いで生きてきた人々の血と汗と涙の歴史を持ち、その先でそうした人々が頑張って国を復興させたからこそ、今、平和で豊かな社会を手に入れることができているのである。我々はそういう歴史がある国で暮らし続けているのだ。そのことを忘れてはならない。だからこそ、あの戦争で失われたたくさんの人々の命や、地を這いつくばって頑張ってきたたくさんの人々の思いを胸に、我々が人として考え続けなければならないこと、人として「護り」続けなければならないことはないかという問いかけを、常にしていかねばならないのではないかと思う。この国を護り豊かな国にしてくれたすべての高齢者の方々に、もっと謙虚な気持ちで相対しなければならないと思う。

僕の住む登別市は、温泉の街であると同時に、お隣の室蘭市にある大企業のベッドタウンという性格も併せ持っている。終戦のちょうど一月前、１９４５年7月14〜15日にかけて、米軍による北海道空襲が行われたが、室蘭市は軍需工場を持つ「重要な攻撃目標」とされていた。特に日本製鋼所室蘭製作所の第6工場は、射高2万メートルの最新鋭の高射砲を生産できる国内唯一の工場であった。そしてそれは、制空権を失っていた当時の日本にとって、B29に対して唯一威力を発揮することができる武器であったことから、米軍にとっては重要な攻撃目標とされた。そのため室蘭市は、14日に艦上機により空襲され、翌15日には艦砲射撃による攻撃を受け、北海道内の空襲では死者数、焼失家屋数ともに最大の被害を出すこととなった。その数は室蘭市街地において被災世帯1941世帯、被災人員8227人、死者436人、重軽傷者49人とされているが、この数字に軍人の数は入っておらず、実際にはもっと多くの犠牲者が出たと言われている。

この地域に住む後期高齢者の方々は、子供の頃に空襲を逃げ延びた体験をし、その記憶を生々しく持っている人も多いはずである。それでもその体験談はあまり語られていない。

僕が特養に就職した当時、たまたまその空襲で大やけどを負い、その後遺症を抱えながら生きてきた方が入所してきたことがある。その方は、「生きていて何にもいいことがない」「あの時死ねばよかった」という言葉を口癖にしていた。まだ若かった僕は、高齢者福祉サービスとは何かということもよく分かっていなかったし、自身の仕事に対する明確なビジョンも持っていなかったが、その方がずっとそういう思いを抱いて生きてきた数十年間の辛さに思いを馳せた時、せめて僕が関わるその人の最晩年期が、少しでもその方にとって意味のあるものにしたいと思った。生きていて良かったと思えるようにしたいと思った。そうできなくとも、少しでもその方が笑っていられる時間をつくりたいと思った。

その時に出会ったのが、マザーテレサの、**「人生の99%が不幸だとしても、最期の1%が幸せだとしたら、その人の人生は幸せなものに替わるでしょう」**という言葉である。この言葉が心の琴線に触れず、そんなことはあり得ないと否定する人もいると思う。しかし僕は、そのことを信じて、あの時大やけどを負った体で数十年の人生を生き続けた人に関わったし、今、高齢者介護という場で、すべての人々の人生の幸福度を左右するかもしれないという思いで日々関わっている。

どんなに幸せな人生を送ってきた人であっても、最期の1％が不幸だとしたら、その人生は不幸なものに変わってしまうという恐れと、そこに関わる責任を日々感じている。だから、人生の先輩である高齢者に対し、乱暴な言葉・荒い言葉・不適切な言葉で接する人を見ると怒りを覚えるし、その姿はとても醜いと思う。

我々の職業は、人として普通に利用者に接し、節度と常識を持った対応を心がけるだけで、人が幸せになれることのお手伝いができる仕事だ。プロとして当たり前のことをするだけで、誰かの心に咲く赤い花になれる仕事だ。そのことに誇りを持つことができる仕事だ。

ここで紹介した大やけどを負った方は、数年前に亡くなられている。身寄りのない方であったから、最期は僕が手を握って看取った。

最期の言葉は、「アンガトサン」だった。その方の人生が、我々の働く施設で過ごした数年間で、幸せなものに変わったかどうかは分からない。しかし僕自身は、その方の人生が少しでも幸多いものになるように、少しでも喜びの笑顔が見られるように関わってきた。その過程で、自分達のサービスの提供方法を変えなければならないこともたくさんあった。今現在僕が抱く介護の理念も、その過程で彼女から教えてもらったと言って良いと思う。そのことを大切にしていきたい。

「あの時、死ねばよかった」という言葉を口癖にしていた人が、最期の時を迎える数時間前に、我々に向けて「アンガトサン」と言ってくれたことが、我々の誇りである。

PRIDE 2-7

線引きもマニュアル化もできないもの

～介護サービスも顧客サービスである

介護施設の中で、あるいは居宅サービス利用中に利用者同士が口論をしている際、職員である我々が介入すべきなのか、介入すべきではないのか、あるいは介入するとしたら、どういうふうに、どの程度介入すべきなのかという議論がある。

それに対して、介護施設や居宅サービスの提供場所といえども、それは社会の一部分なのだから、そこで利用者同士が口論することもあるだろうし、それは当事者間の問題であって、職員と言えども介入する権利はないという意見もある。

たしかに介護施設や居宅サービスの提供場所も、社会の様々な場所で起こり得る現象が起こって当たり前の場所である。よって、介護施設であるから、利用者同士の口論は未然に防がれ、そういうことが起こらないようにすべきだということにはならない。だからといって、当事者間の問題で、我々職員が介入しないのが当然という考え方はどこかおかしい。当事者間で解決すべきであるという意見も違うと思う。そういう意見を述べる人々は、介護サービスといえど、顧客サービスであるという根本を忘れているのではないだろうか？

顧客サービスを行っている最中に、サービス提供の場で、誰かと誰かが口論していた時に、それは利用者同士の自由だと放置できるサービスがどこに存在するというのか。当事者問題として関わらないというのは、顧客サービスとしての責任を果たさないという意味だ。どこかで介護サービスは、ほかの顧客サービスとは違うのだという観念を持ってしまって、主体性というものがサービス提供側に都合の良い意味で使われ、暮らしの場で起こる出来事に、できるだけ介入しないことが普通の暮らしをつくるという間違った考えを生んでしまっているのではないだろうか。

普通の暮らしは大事だが、誰かと誰かが傷つけ合うのが普通と考える方が間違っているし、我々が提供する顧客サービスは暮らしの援助なのであるから、環境をはじめとした様々な状況に介入していく必要があるはずだ。人間関係の調整介入も、介護サービスとして求められるものだろう。顧客同士がサービス提供場所で口論になった時に、そこに居合わせた従業員が「お客様、どうかなさいましたか」と声をかけ、ほかのお客様の迷惑にならないように配慮をお願いしますとお願いすることができない顧客サービスがほかにあるというのだろうか？　我々の介護サービスの現場も同じではないか。

ただし我々は、人間関係全般に、暮らし全体に介入する福祉援助のプロなのだから、単に口論を中止させて終わりでは済まない。口論されていた当事者間の人間関係の調整役も担う必要がある職業である。だから相談員がいるし、看護職員や介護職員も相談援助の基礎を勉強しているはずである。そうであれば、その場を収めて別室で話し合う等の、プロとしての介入が必要とされるのは当然である。その時、お互いの言いたいことを言い合ってもらうのか、心を静めて冷静に話し合ってもらうのかを見極めるのが我々の専門性である。

口論していた当事者のパーソナリティ、日頃の関係性、口論の原因等を様々な角度から考えて、その時のベターな対応を探すのが我々のプロとしてのスキルである。ここに線引きはできないし、原則論なんて通用しない。一番近くで気づく専門家として、その人々の表情を見て感じないと答えなんて出ないのである。そうした努力をしないで、何でもマニュアル化できると考えること自体が間違っている。人の行動をマニュアルで規定できると考えるのは不遜な態度である。すべての対応方法をマニュアル化できないからこそ、我々の仕事の根幹には、人を見つめ、その心に寄り添うという、共感的理解による受容の原則が求められるのである。

マニュアル化できない人の暮らしにどう介入できるのかということが我々に求められており、

そこに適切に介入していくことが我々のプロの技だ。その介入の積み重ねをケース検討し、一定の法則を見いだし、それがエビデンスと言えるようになった時、初めてマニュアル化が可能になるかもしれないが、人の暮らしであるがゆえに、そこには線引きできない部分が常に存在し続けることを肝に銘じて、その困難さに真摯に向かい合うべきである。

忘れてはならないことは、我々は介護サービスという商品を提供するプロフェッショナルであるということだ。生活支援というのは暮らしの場で行われるものなので、我々は家族と同じ存在になり得ると勘違いしてしまう傾向が強いが、それは間違った考え方である。我々は家族そのものにはなれないし、なろうとしてもいけない。家族であれば許されることも、我々介護のプロには許されないのであり、家族よりもっと専門性の高い支援が求められると理解すべきだ。利用者に寄り添うという姿勢は、そうしたプロフェッショナルとしての知識と援助技術があって初めて成り立つのではないだろうか。

PRIDE

3

対人援助の専門職としての誇り

対人援助に携わる僕達は，誰よりも人に対する関心を持ち続ける必要がある。関心を持つからこそ気づきが生まれ，気づくからこそ考えることができ，考えるからこそ創造することができる。それはやがて誰かの笑顔につながっていくだろう。だから……僕達が恐れるべきもの，憎むべきものは，人に対する無関心である。

PRIDE ● 3-1

哀しみや苦しみが存在する場所

～真摯に丁寧に温かく語りかけること

介護施設には、様々な哀しみや苦しみが存在する。その場所に、たくさんの笑顔が生まれるように僕達がいくら努力を続けようとも、いくつかの哀しみや苦しみが存在するということはまぎれもない事実である。僕達がその場所でどんなに豊かな暮らしをつくろうと努力したとしても、介護施設の中の哀しみや苦しみがすべて消え去ることはないのかもしれない。なぜならば、感情を持つ人間が、いつも楽しい感情だけを持って過ごすことはあり得ないからだ。

僕達が日常的に、哀しい思いや苦しい思いを持つのと同様に、どんなに僕達が努力しようと、介護施設の中でうごめく様々な感情の中には、僕達に推し量ることができない辛い思いもあるのだろう。そういう事実から目を背けてはならない。その現実を見て見ぬふりをして、自らの職場である介護施設の中には、喜びの感情だけが存在するかのように目を曇らせては、必要な支援の在り方を見過ごすことになりかねない。そこは幻想空間でしかなくなり、誰か第三者の感情に鈍感となり、見えない涙を見逃してしまうだろう。

僕が話しかけると一瞬おびえるような表情をした後に、はにかんだような笑顔を見せてくれるBさんは、失語症で言葉を発することができない。脳血管障害の後遺症で、右片麻痺があって利き腕が動かせない状態の方だ。それでも決して日中、辛そうな表情を僕達に見せることはなく、笑顔で応じてくださる方だ。そんなBさんが、夕方人のいなくなった暗い談話コーナーで、一人机に向かっていた。帰りが遅くなった僕が、その姿を見かけて、ご挨拶の声をかけようとした時、彼女が机に突っ伏すように、声なき状態で泣いているのが分かった。何か大きなトラブルがあったとは聞いていないし、周囲の様子にも異常な状態は見られない。それなのに、しずしずと流れる涙の中に沈んでいるBさんがそこにいた。その時僕は、声をかけようとしたが、思い直してしばらくそっと見つめることにした。人知れず涙を流す人がいた時に、声をかけるだけが優しさではなく、そっと見守り、泣きたいだけ泣かせてあげる方が良いかもしれないと思い直したからだ。人に見られたくない涙もあるかもしれないと思い直したからだ。やがて、ひとしきり泣いた後、Bさんは車椅子を操作して、部屋の方向に向かっていった。

思わぬ病気に見舞われ、その後遺症で利き腕のある半身が麻痺し、言葉も出なくなって、思いさえ十分伝えられないというもどかしさ。そうした状態で、不自由な生活を送る身になった不幸….。そうした様々な思いが、Bさんの頭の中を駆け巡って、日が沈んだ後の寂しさとあいまって、一人涙を流していたのではないだろうか。そんな時には、どんな言葉もわずらわしいだけで、癒しにはならないだろう。ひとしきり泣き続ける時間があることの方が、心の痛みを和らげてくれるのではないだろうか。

僕達はただ、その人たちの深い哀しみや涙を知ることで、いつかその傷が癒される日が来ることを祈るのみである。そういう日がいつか訪れるためには何が必要かを考えて、今いる場所でできることを探し続けるのみである。人知れず涙を流す人たちが、僕達に笑顔で応じてくれることに思いを馳せ、その笑顔に応えられる暮らしをつくろうと努力し続けることだけしか、僕達にはできない。そんな時、心に深い哀しみを抱えている人生の先輩に向かって、タメ口で話しかけることなど僕にはできない。深い心の傷を、僕達の何気ない言葉でえぐらないように、真摯に丁寧に語りかけることしか僕にはできない。笑顔の向こう側にある、見えない涙を見逃さないように、丁寧に温かく語りかけることしか僕にはできない。

PRIDE ● 3-2

求められる「嫌なことアセスメント」

～否定的な感情から目を背けない

介護サービスは、実際に手に取って見ることができる商品とは異なり、目に見えないサービスである。そして、介護サービスは再現性もないことから、事前に試してみるということが困難なサービスとも言える。お試し利用が可能なサービスがあると言っても、時間や環境が異なる場面で、まったく同じサービスが再現されることにはならないからである。

そうであるがゆえに介護サービスの評価の手法や基準は確立されていないと言ってよく、仮に外部の第三者機関に評価してもらっても「総論賛成、各論反対」という状況が生まれやすい。それはある意味、介護サービスに絶対はないということであり、その理由は専門性や立場の違い、利用者自身の意向の揺れ動き、時間の変化によって評価結果が異なり、最終的には個人の価値観や人生観の違いが評価に影響してしまうためである。

そこで、発想をまったく変える必要がある。つまり、サービスを提供する側は、介護サービスの「適切さ」より、「不適切さ」から評価してみるということである。利用者にとっても、「適切かどうか」という判断は、評価者の主観の入り込む余地があり難しいと言えるが、「不適切か」ということは、利用者自身の「嫌だ」という感情となって認識できるので、より判断として容易となるであろう。

ここで間違ってはいけないことは、利用者が「嫌だ」と感じていることに対して、「嫌だと思うこと自体が間違っている。なぜなら、私達は正しい方法でサービスを提供しているからだ」と考えてしまうことである。嫌だという思いを無視することは、サービス提供側の価値観の押しつけでしかない。仮に正しい方法でサービス提供を行って、それが多くの利用者から受け入れられているとしても、ある人が「嫌だ」と感じているならば、それは「外れ値」なのだから無視して良いということにはならない。個人の好みは様々であり、その感情が間違っているということにはならず、その感情そのものが評価なのである。その人にとって、何が嫌だと感ずるのかは、その人が持つ価値観と密接に関連していて、正しい正しくないという問題ではなく、そうした感情を持つこと自体が評価そのものなのである。だから嫌だという感情をしっかりと受けとめて、何がどうして嫌なのかということを正しく評価し、そこに存在する「その人にとって嫌になる要素」をなくしていかないと、適切なサービスは生まれない。つまりは、「嫌なことアセスメント」が求められているということになる。

しかし、支援記録などを見ると、非日常的なイベントを行った際に、利用者の喜んでいる感情などは記録されていることが多いが、日常場面での否定的感情が記録されていることが少ないことに気がつく。肯定的感情で、かつ非日常的感情の記録はされやすいが、否定的感情で、かつ日常的感情は無視されて記録されにくいという傾向が見て取れる。それは記録されないということにとどまらず、日常のサービス提供場面で、しばしば利用者の否定的感情である「嫌だ」という訴えが無視されてしまうということをも意味している。

これはサービス提供側に悪意があるわけではなく、自分達のサービス提供方法が間違っていないのだから、そのような否定的感情は瞬間的なもので、かつあまり意味のない感情であると無意識のうちに見逃してしまうことが原因ではないかと思われる。つまり、日常の介護サービス場面で、意識的に利用者の否定的感情である、「嫌だ」という訴えを拾い上げていこうとしない限り、そのことは「なかった」ことにされてしまう可能性が高いのである。

ところで、「嫌だ」という感情の原因は、サービスの提供方法そのものではなく、サービスを提供する職員の言動が原因である場合も多い。支援記録には利用者の言動はよく書かれているが、介護者の態度や言動に触れられていないことが多い。しかし、利用者の言動だけを一方的に書いても利用者の真の状況を表すことにはならない。介護者がその時何をして、何を言ったかにより、利用者がどう反応したかという点が重要なのである。特に「嫌だ」という利用者の反応があった場合の記録に、サービス提供者の言動の記録が欠けておれば、その否定的感情の原因を間違って捉えてしまう恐れがある。ここは、両者の言動を正確に書くという日頃からの意識づけが必要だろう。

利用者の豊かな表情が増える、豊かな暮らしをつくるためには、肯定的感情だけではなく、利用者の「嫌なこと」を徹底的にアセスメントし、それを一つひとつ潰していくという作業が不可欠になるだろう。それが個別ケアに求められる視点ではないのだろうか。

嫌なこと、否定的感情から目を背ける介護サービスからは、事業者の空想世界しか生まれない。非現実的な空間・幻のケアをつくり出すだけの結果しか生まないということを理解すべきではないだろうか。

PRIDE 3-3

座ることも介護技術のうち
〜利用者目線に近づくことで初めて気づくことがある

食事摂取支援（以下、食事介助）の場面では、介護者が椅子に座って、利用者の目線に合わせて介護することは基本中の基本である。このことはマナーの問題ではなく、介護技術の問題である。食事介助する人が立ったままその行為を行うことは、食事を摂取する人にとっては食べづらいだけではなく、誤嚥リスクを高めるからである。

しかし、そのことが介護サービスの場で理解されていなかったり、忙しい業務の中でおざなりにされたりして、立ったまま食事介助する場面を多く見かける。これは大変危険なことである。そもそも介護サービスの場において、食事をするための姿勢に対する考察や配慮が足りないのではないだろうか。果たしてそのことに関する教育はされているのだろうか？

食事介助という行為を考える時に、いかに食べさせるかという「支援者側」の視点からのみそのことを考え、食べさせられる当事者という視点が欠落している傾向がある。まず考えなければならないことは、我々が普段、食事をどういう姿勢で食べているかということだ。我々は食事をとる時に無意識のうちに前傾姿勢で、咀嚼し終わった食物を飲み込んでいるのだ。誰かと会食し話しながら食事をする際でも、ごく自然に体を前に傾けて食物を飲み込んでいるのだ。それが人にとって一番食物を飲み込みやすい姿勢だからである。どんな偉い人でも、そっくり返って、顔を上に向けたまま食物を飲み込んでいる人はいないはずである。

それは人に備わった嚥下機能の問題であり、そっくり返った姿勢、顔を上に向けるような後傾姿勢では、むせ込んでしまう危険性が高くなるのである。後傾姿勢で水分を飲み込めば、たちまちむせこんでしまうだろう。つまり、嚥下機能に障害のない人でも、後傾姿勢では食物や水分をスムーズに嚥下できないのである。

このことを食事介助の姿勢と絡めて考えてほしい。食事介助する人が立ったままであれば、介護されている人の口に入れる食物を載せたスプーンや箸は、座って食事摂取する人の顔より高い位置から迫ってくる。当然、食事介助を受けている人は、顔を上に向けねばならない。そして顔を上に向けるために、背を後ろに倒すという後傾姿勢になってしまうのである。

これは、前述したように、最もむせ込みやすく嚥下しづらい姿勢である。この場合に、食事介助を受けている人が、口で食物を受ける時だけそっくり返る姿勢になり、飲み込む際に前傾姿勢になってくれるのなら良いが、そうならずにそっくり返った姿勢のまま食物も飲み込もうとすることが多い。場合によっては、その姿勢を繰り返すうちに、お尻が椅子の前方に滑っていき、すべり座位（仙骨座り）の状態になってしまう人もいる。そうなれば、背中が椅子の背もたれにまっすぐ張り付くような姿勢となり、前傾姿勢はとれない状態となる。非常に危険である。

こうした状態を防ごうとして、スプーンを意識してテーブルに近い位置、下側から利用者に向けたとしても、食事介助されている人は、スプーンだけを見ているわけではなく、食事介助する人の動きを見てしまうため、介助者の顔や腕の動きに視線を向けてしまい、結果的に顔を上に向けて後傾姿勢になってしまうのである。そもそも立ったままで食事介助する時に、常にスプーンを下から顔に近づけることを、間違いなくできるわけがない。そんなできもしない手間を想定するより、座って介助しろと言いたい。

顔を上に向けずに、後傾姿勢にならず、できるだけ前傾姿勢を取りながら食事介助を受けることができるようにする唯一の手段は、介助をする人も座って、介助を受ける人の視線と同じ位置に自分の目の位置を置くことである。それ以外の方法はないのである。

食事介助を座って行うことが習慣化すると、その介助方法によって副次的効果も生まれる。何より立ったまま動き回って食事介助する人がいないという状態は、食事を摂る人から見れば、落ち着いてゆったりとした雰囲気で食事を楽しむことができる状態である。周囲がばたばた忙しそうに動き回っている状態で、食事を楽しめるだろうかと考えた場合、座って食事介助を行う状態をつくるだけで、介護の品質は向上すると考えて良いだろう。

さらなる効果は、食事介助する人と、介助を受ける人の目線がほぼ同じ高さになるということだ。そうなると、食事介助を受ける人から、食器や食器の中の食物がどのように見えていたのかが分かる。同じ目線から見ることで、盛り付けの工夫などのアイデアが浮かぶかもしれない。

さらにその介助を進めると、同じように座っているのに、我々より座高がかなり低い人がいることに気がつく。そうなると、その人にとって我々が使っているテーブルがあまりに高過ぎることが分かる。たとえば、次の画像をごらんいただきたい。

右側の画像は、僕が一般的な高さの椅子に座り、テーブルの上に置かれた食事の載ったお盆の見え方を、僕の目線から撮影したものである。

左側の画像は、同じ椅子に身長140センチメートルの方に座っていただいて、その方の目線からテーブルの上のお盆を撮影した画像である。僕の目線からは何の支障もなく見えていたお盆の上の食器に盛り付けられた食物が、よく見えない状態になっている。特に、右奥の深めの食器に盛られている野菜料理は、上の方の一部分しか見えない状態である。

もしかすると、身長の低い人が自分で食事動作を行おうとしない理由は、食べようとする意欲低下や、身体機能の低下ではなく、食器の中身がよく見えないからなのかもしれない。よくあるケースとして、主食のみ食べて副食に手をつけない人がいるが、その場合も主食が盛られたお茶碗は、手に持って食べるから中身が見えており完食できるが、テーブルの上に置いたままの副食の皿の中身は、見えていないために手をつけないのかもしれない。お盆の手前に置かれた皿の上のものしか手をつけない人なら、なおさらそのことを疑うべきである。

このように、現在一般的に使われている椅子・テーブルは、身長が

140センチメートル台の人が使うことを想定していない高さであるため、身長が低い人には様々な支障があるのだ。食事介助が必要となる原因が、身体機能や認知機能の問題ではなく、ただ単にテーブルが高過ぎるために、身長や座高の低い人が機能を十分発揮できないためではないかという疑問も、座って食事介助して介護者の目線が利用者に近づくことで、初めて生まれる気づきである。

PRIDE 3-4

座位アセスメントで変わるもの
～車椅子を利用している方への介護の基本を考え直そう

介護サービスに携わる我々の周りには、車椅子が日常的に存在する。しかし、そのことによって、我々は車椅子を使い慣れた道具であると思い込み、間違った車椅子の使い方に気がつかず、車椅子に乗る人に対する不適切な介護方法に気がつかなくなっている。

たとえば、車椅子に座っている人の移動支援の際に、声をかけずにいきなり車椅子を動かす職員がいる。この行為は、車椅子に座っている人を驚かす不適切な方法である。我々は日常生活の中で、車輪が付いた動く椅子を利用する機会はないので、自分が座っている椅子がいきなり動いてしまうと、どれほど驚かされるかということに鈍感になっている。声をかけずに椅子を動かされるたびに、車椅子に座っている人はビクッとして、心拍数が上がり、血圧が上昇しているのである。

エレベーターでフロア移動の介助をする時に、最初に車椅子を動かす時は声をかけているのに、エレベーターの乗り降りの際に、昇降ボタンを職員が操作し、ドアが開いた時、声かけを忘れ、いきなり籠の中に車椅子利用者を押し入れてしまう場合がある。この時、エレベーター操作をしていない利用者は、エレベーターのドアが開いたとしても、そこに乗ろうとする意思を持っているとは限らないので、声をかけずに籠の中に押し入れられる時にドキッとしてしまうのだ。

しかし、そのことに対する苦情を表現できる利用者が少ないから、介護する職員が気づかないことが多い。ビクッとした利用者の表情に気がついても、それは一瞬の感情なので無視されることになる。しかし、そのことを放置しておくと、利用者は毎日車椅子を押されるたびに、ビクッと驚き続けるわけである。決して放置して良いことではない。

どのような場合も、人が座っている車椅子を押す際には、声をかけるという習慣を持つ必要がある。そういう意識を持つために、たとえば職員研修で、3人1組くらいで小グループをつくり、ブレーキをかけていない車椅子に乗り、雑談しながら誰かが油断したらいきなり車椅子を押すというワークを行うと良い。押されるかもしれないという前提条件を意識していても、話の最中に車椅子を押されるとビクッとすることが分かるだろう。いきなり車椅子を押される利用者は、そういう前提条件もないのだから、もっとビクッとしているはずなのである。

そもそも車椅子は座位ツールではなく、移動ツールであるという理解が必要だ。車椅子の座面は、座るために適した素材でできているわけではなく、折りたたむために便利な素材でできている。それは、たわみができやすいという意味である。たわみがあると、お尻が本来の座面位置より下に沈み込んでしまう。その状態で長時間座っていると、腰に負担がかかって痛くなったりする。

しかも、車椅子のシートは、折りたたむために、家具椅子のように板の上にシートがあるのではなく、薄い布や皮の1枚のシートであることが多い。これをスリングシートと呼ぶが、このシートは家具椅子のように、板の上にシートが載っている状態と比べると、体重分散率が低下する。そのため、家具椅子に長時間座ってもお尻が痛くなることは少ないが、車椅子に座る場合、短時間でお尻が痛くなるのである。つまり車椅子の座り心地は、家具椅子より格段に劣るわけである。ここに長時間座らせて放置するのは、極めて不適切と言える。そうした車椅子の様々な弊害を緩和するために、座布団やクッションで調整が必要だが、柔らかく薄い座布団では、これらの調整機能はほとんどないと言って良く、座り心地は改善できないのである。

車椅子のフットレスト（フットサポートとも言う）にも注意が必要だ。フットレストは人を運びやすくする目的で足を乗せる部位であるため、その位置や高さは座り心地に配慮されていない。そのため、車椅子のままテーブルについて食事摂取する場合、フットレストから足を下ろす必要がある。なぜなら、人が食物を飲み込む姿勢は前傾姿勢であり、その際には足の位置は膝下もしくはその内側に位置するのに、フットレストの位置は、それよりはるかに前で、飲み込みやすい前傾姿勢が取れなくなるからだ。フットレストに足を乗せたままの食事摂取が、誤嚥や窒息の大きな原因にもなっているのである。しかしここで注意すべきは、フットレストから足を下ろした時に、足が床に着くかどうかである。身長が140センチメートル台の人などは、普通型車椅子のフットレストから足を下ろした際に、床に足底が着かないことがある。足が宙ぶらりんでは食事がしづらいことは、試してみれば理解できるだろう。そのために足置台を使う必要もある。そういう意味では、介護施設の食堂に、車椅子で食事をする人が複数いる場合に、そこに足置台が一台もない施設はこの部分のアセスメントや配慮に欠けていると言えるかもしれない。

さらに、食事姿勢は前傾姿勢が基本になることを考えると、車椅子はこの前傾姿勢がとりづらいツールであることを知らねばならない。なぜなら、車椅子は安全に移動できることが一番重要だから、移動の際に前のめりになって椅子から転落しないように、座面がフラットではなく傾斜がついており、前方部分が後方部分より最低3センチほど高くなっているのが普通だ。そのことによって前傾姿勢をとりにくくなり、車椅子に座ったままでは食事が喉に詰まりやすい人がいる。この場合、テーブルにつく際に、車椅子から家具椅子に乗り換えるだけで喉つまりせず、食事摂取がスムーズになる人がいる。当然ながら家具椅子の高さにも配慮は必要だが、前傾姿勢という面から考えると、家具椅子に座り替える方が良い人は多いだろう。

そういう意味では、介護施設の場合、食事摂取の際の座位アセスメントが十分行われているかということが、施設サービス計画等の評価には必要不可欠な視点となるだろう。車椅子を移動以外の座位ツールとして使っても生活に支障のない人は、いちいち家具椅子に座り替える必要はないだろうが、その一方で移動ツールとしての車椅子とは別に、様々な場面での座位のツールを分けて考えねばならない人も存在するという理解が必要だ。

介護施設でのアセスメントにおいて、この個別性への着目度が低過ぎるのかもしれない。ここは反省すべき点であろう。座位アセスメントを適切に行うことで、利用者の暮らしはもっと快適になるかもしれない。

PRIDE 3-5

迷った時は愛のある方に向かって～家族を捨てた過去を持つ人

人の暮らしとは、もっとも個別性のある領域だ。その領域は他人からしてみればもっとも非専門的な領域であって、個人の暮らしの専門家が存在するとすれば、暮らしを営む本人しかなり得ない。僕達ソーシャルワーカーは、もっとも個別的で、非専門的な領域に踏み込んで、誰かを支える仕事を行うという難しい立場に置かれている。そうであるがゆえに、常に謙虚でなければならない。

答えは僕達の側に存在するのではなく、援助される側に存在するものであって、僕達が道を示すのではなく、目の前の誰かが道を見つけ出すために、僕らができ得るお手伝いをするという考え方が必要だ。真摯に、謙虚に、かつ熱い思いを持って歩き続けること。それが僕の唯一のモットーだ。そしてその戒めを忘れた時が、身を引く時だろうと思っている。そこにはあらかじめ存在する正解はない。正解を導き出すために様々な過程を踏んで、利用者とともに歩んでいかねば行き着かない場所に答えは存在する。だが、その答えがすべて人を幸せにする答えだとは限らない。答えが誰かの心を傷つけることだってある。その時に、傷ついた人に何ができるかが、僕達に問われていることだ。

かつて僕が相談員として担当した方は、酒とばくちによって全財産を使い果たし、家族を捨てた過去を持っていた。借金を残して幼い子と妻の前から消えた過去を持つその方は、身体が不自由になって特養に入所してきた時、親しい人が一人もいないという孤独な境遇に身を置いていた。

その人の担当となった時、僕はこの人を天涯孤独の状態のままでいさせて良いのかと迷った。その人が医療機関に入院していた時、行政の戸籍調査によって、子にあたる人の存在が分かっていたからだ。すでに人の母になっているその人の連絡先も明らかになっていた。しかし僕の前に担当していた医療機関のソーシャルワーカーが、その娘にあたる人に連絡をした際に、戸籍上はともかく、すでに人としての縁が切れており、自分とは何の関係もないので、今後一切の連絡をしないでほしいと強く拒否されたという引き継ぎを受けていた。その人に何もアプローチせずにいて良いのだろうかと思った。

高齢となり、身体の自由が利かなくなった利用者の方にとって、過去にひどい仕打ちをしたとはいえ、実の子供に会いたいという気持ちはあるのだろうと想像した。しかし同時に思うことは、幼い頃に十分な世話もしてもらえず、母親とともに捨てられて貧困のどん底のような生活を強いられた娘にとって、実の親とはいえ、情はわかないだろうし、その存在さえ疎ましく思っていることも、容易に想像がついた。憎しみの感情しかないのかもしれないとも思った。そういう人に、戸籍上の親子であるという理由だけで、何らかのアプローチをしても、心を傷つける結果にしかならないのかもしれないとも思った。

しかし…迷った時、僕はより愛情を感じる方法に舵をとることにしている。人の愛を信じることにしている。そのためまず手紙をしたため、実の親であるその人が現在置かれている状況を記し、連絡することを強いる手紙ではないとした上で、ご本人は口には出さないが、本心では会いたがっているのではないかという想像も書き、でき得るなら何らかの形で連絡をいただければありがたい旨を書いて送った。

その手紙には何の反応もなかった。しかし、反応がないことを、僕は良い方向に捉え、そんな手紙を送ったことをなじる連絡もないことをポジティブに考え、その後数カ月置きに、その人の近況を伝え続けた。それから数年、手紙に対する反応がないままその利用者は、「看取り介護」の対象になった。

そのことを書き送った数日後、道外のとある街から、娘さんが施設を訪れてくれた。そして、父親が亡くなる数日前の意識が薄れている中で、数十年ぶりの親子の対面が実現した。わだかまりがすべて消えたわけではないだろうが、実の親がそこで命の炎を消そうとしている姿を見て、娘さんの頬には一筋の涙が流れた。それは憎しみも怒りも、すべて洗い流す涙だったのかもしれない。

娘さんが帰られた翌日、その利用者は旅立たれた。そのお骨は、娘さんによって引き取られていった。そのような結果や、その結果に結びつく一連の過程での対応が、良かったのかどうかは分からない。しかし僕は、そこに確かに愛が存在し、愛によって人が救われることを信じた。

こんなふうに少しでも愛情の見える方向に進みながら、その結果に責任をとることが、誰から教えられたわけでもない、僕自身のやり方であり、矜持である。

PRIDE 4

認知症の人々の心に寄り添う

新たな出来事を記憶できず，過去の記憶も失っていく認知症の人達は，過去と現在と未来がつながらないという不安の中で暮らしている。僕達はそうした不安を理解し，認知症の人の過去からヒントを探し，不安なく今を過ごし，より豊かな未来へ導く代弁者となることが求められている。

PRIDE 4-1

記憶を失っても、感情が残されるからこそできることがある

〜認知症の人が良い感情を持てるような支援

アルツハイマー型認知症は、アミロイドβ蛋白質と言われる物質が脳内に蓄積することによって影響が出はじめ、記憶を司る海馬周辺が大きなダメージを受けるので、初期症状は記憶障害として現れることが多い。それはやがて進行し重度化することによって、短期記憶がまったく保持されず、過去の記憶も失っていくという経緯を辿る。

発症当初は、現在起こっていることを記憶できなくとも、過去の記憶は残っている場合が多い。これは海馬という器官が、そこで起こった情報をいったん溜め込んでおく機能を持っており、情報を溜めることができなくなったことで、新しい記憶は保持されないが、認知症になる以前に処理された記憶はまだ残っているという意味でもある。

しかし、アルツハイマー型認知症は、アミロイドβ蛋白質の蓄積と、それによるタウ蛋白の出現という脳内現象は止まらないため、脳の神経細胞の壊死が起こり、そのために症状も進行していく。この過程で過去に保持した記憶さえも失ってしまうことが多い。そうなった場合、人はど

んな不幸や哀しみを抱く結果になるだろうか。

人はいくつもの思い出をつくり出し、その記憶を抱えて生きている。それは時に、人の支えにもなるものだ。それはその人にとって、何にも代えがたい宝物だと思う。さまざまなエピソードを刻みながら、その記憶とともに人は生きるのである。記憶は思い出となり、それは、「命の歩み」「生きてきた証」そのものである。しかし認知症は、そうした記憶を奪うのである。それは自分がこの世に存在していたはずの生きる証を失っていくという意味である。そうなると人は、心を失ってしまうかもしれない。怖いことだろう。辛く、苦しく、哀しいことだろう。

その人達にどう寄り添っていくのか。生きてきた証である記憶を失っていくことに、おびえなくて済むように、不安を抱えないように、混乱しないように、どう関わっていくかが僕達に問われているのだ。

大切な人を失ったという記憶をなくしてしまった人は、もうそこに存在しない大切な人を探して歩き続ける。もうそんな人はいないのだと説得しても何の意味もない。誰かを探して歩いている人にとって、探している誰かは、確かに存在するはずの人であり、見つけ出さねばならない人なのである。そんな人はいないと言う第三者は、自分の大切なものを隠し、奪おうとする脅威でしかない。僕達はその時、説得する人になるのではなく、誰かを探して歩き続ける人が、どんな気持ちで何を求めているのかを理解し寄り添う存在になる必要がある。

記憶が失われた人は、衣食住が満ち足りた場所に住んでいようとも心が満たされないのだ。心の平安が得られていないのだ。その原因は何かを探らねばならない。その人達が求めているものは、誰かとの関係性であるのかもしれない。それが途切れてしまったと感じている人は、途絶えた関係性を紡ぎ直そうと、家に帰ると言う。雪が降る中を、除雪するために帰ると言う。すでに亡くなった夫や妻の元に帰ろうとする。僕達はその思いに心を寄せて、満ち足りない思いを理解することが求められている。その思いに共感的理解を示した時に、認知症の人の行動が変化したりする。それは自分を思ってくれる誰かを、新たに見つけることができたからではないのだろうか。

そんな人々が僕達の目の前にいる。僕達はその人々にどのようにして心の平安を与えることができるのだろうか。どのように安心してもらえるのだろうか。介護とは、エピソードを失っていく人に対して、できることを探す支援行為でもある。そのために僕達には何ができるだろうか。

認知症の記憶障害とか、見当識障害という捉え方ではなく、人の心のひだを見つめることが求められているのだ。そして、利用者の心のひだを見つめて寄り添おうとし続ける限り、僕達の思いは必ず伝わると信じている。人の思いを大切にする先にしか見つけられない。

たとえば、介護施設に入所していて家に「帰る」と訴える人の中には、「自分の子供がまだ小学生で、腹をすかせるからご飯をつくらねばならない」と言う人が多い。それらの人は、子供が大人になったという記憶がすっぽりと抜け落ちて、自分が子供にご飯をつくらないと、誰も子供の食事の準備をしてくれない時代までの記憶しかなくなっているのである。

こうした認知症の人は、自分が年を取ったという記憶がないのだから、自分自身はまだ若いと思い込んでおり、鏡に映った年老いた自分の顔を見ても、それが自分であるという認知ができない。そのため、鏡に映っている自分に向かって話しかけたりする。それは目の前に知らない他人がいるという意味で、どうして自分の家に他人が入ってくるのかと、鏡に映った自分の顔に向かって怒りの感情をぶつけたりする人も多い。すると鏡には自分の怒った顔が映し出されることになるが、その顔が自分だという認知ができない人は、鏡に映った自分の顔が怒りの表情をしているという理解ができず、そこに自分に対し怒りの感情を持って攻撃しようとする誰かがいると思い込み、鏡に向かって拳を振り上げて興奮する等の行動につながる。この場合、認知症の人にとっての現実とは、知らない誰かが自分の家に無断で入ってきて、自分を攻撃しているということにしかならない。それが混乱を巻き起こし、行動・心理症状（BPSD）につながるのである。

このように行動理解に努めるとともに、その行動の理由が、自分が年をとったという記憶がないからだとしたら、それは論理的に説明して解決できる問題ではないので、そのような興奮状態にならないように、不必要な鏡を認知症の人の身の回りに置かないようにしたり、洗面所の鏡に幕を張って、必要な時以外に使わないような工夫も必要になる。

記憶については、３つの種類に分類することができる。過去にあった出来事の記憶は「エピソード記憶」と言われる。自分がいつ結婚したとか、子供がいつ生まれたとか、楽しかったり、辛かったりする思い出等がエピソード記憶である。

言葉の意味の記憶は「意味記憶」と言われる。誰々さんは何という名前だとか、りんごの色は赤という色だという記憶である。

技能や手続き、物事のノウハウの記憶は「手続き記憶」と呼ばれる。これは仕事の手順を覚えること等である。

このうち、最初に失っていくのがエピソード記憶と意味記憶であり、手続き記憶は比較的晩期まで残ると言われている。その理由は、手続き記憶だけが小脳に溜まるという脳の情報伝達回路の違いだと説明されている。

手続き記憶が最後まで残されるからこそ、ユニットケアにおける「生活支援型ケア」が有効になる。生活支援型ケアとは、過去の生活習慣を参考にしながら、残された能力をできるだけ生活の中で活用・維持して、認知症の症状の進行をスローダウンさせたり、できるだけ日常の暮らしを続けられるように援助するもので、たとえば若い頃農家であった人なら、田や畑で作物を育てることに関する残された記憶や身体能力を活用しながら、家庭菜園で食物や花を育てることを支援するものだ。グループホームで日常の家事を行うこともこれと同じである。特に女性の場合、一家の主婦として毎日の家事を行っていた人が多いので、この「手続き記憶」が最後まで残されることを利用して生活支援を行うことになる。具体的には調理や配膳、掃除や洗濯といった、日常の家事の記憶が残されていることを利用して、できることをしてもらうというものだ。これらはすべて「手続き記憶」が残されているから可能になるのだ。

これらの記憶はすべて「情報の記憶」であり、それは海馬の機能不全によって障害が発生するが、こうした記憶の障害が進行した人でも、嫌だ、嫌いだ、好きだ、嬉しい等という感情はなくなっていない。そして、その感情の記憶は、情報の記録とも回路が違っており、認知症になった後でも感情の記憶は残ることが多い。つまり、記憶障害があって、直前の出来事はまったく覚えられない認知症の人だからといって、その人にとって嫌な行動をして不快な感情を与えても、その記憶もなくなって、大した問題ではないだろうと考えることは間違いだということである。

感情の記憶は残るので、嫌な行為、不適切な関わりをする人間に対して、認知症の人は悪感情を持ち、怖がったり、嫌ったりできるのである。逆に言えば、適切な関係を構築することで、認知症の方にも信頼してもらえ、好きになってもらえる可能性がある。

認知症の人は、意味記憶がなくなっていくことにより、その好きになった人の顔は忘れてしまうため、次の日には初対面の人のように、最初は警戒されたとしても、本当に信頼される関係をつくっておれば、感情の記憶が残っていることから、信頼関係を寄せている人が対応すると、落ち着いたり、穏やかになったりするのだ。だから記憶を失っても、感情は残されていると表現されるのである。だから我々は、この感情を大切にしながら、認知症の方々が良い感情を持てるように、日々関わらねばならない。

PRIDE ● 4-2

自分でなくなる哀しみに寄り添うために

～「こころ」を護るお手伝い

人は脳によって、喜怒哀楽を感じ記憶していく。脳が様々な情報を処理していく。そもそも脳とは、判断能力だけではなく、視覚や聴覚や嗅覚も司るものだし、やる気や運動神経といったすべてのものに関連している。様々な信号を身体の各器官に送り、命令を伝える根本的なものである。つまり「脳」とは、その人自身である。そういう意味で言えば「こころ」と表現されるものは、心臓ではなく脳なのである。心臓は「こころ」ではなく、ポンプということになる。そして、その「こころ」は記憶によってつくられるのである。

脳が感じたあらゆる情報や感情を記憶できてこそ、初めて、人間は現在を過去と未来につなぐことができるのだ。ところが、脳の器質障害によって記憶が保持できなくなった人は、現在を過去と未来につなげられなくなる。そうなると、自分という存在がどういう存在なのかが分からないし、将来自分が何をしようとするのかも分からないということになる。そして今置かれている現実の状況も理解困難となる。このような状況に置かれることは非常に恐ろしいことだ。だから記憶を失った認知症の人達が、常に混乱と不安の中にいるということは容易に想像がつくわけである。

つまり「脳」がその人自身であるのと同じく、記憶もその人自身なのである。認知症は、この脳に何らかの障害が発生することである。定義上のそれは、「後天的な原因の脳の器質的障害により、日常生活に支障が生じる状態が継続する状態」であるとすることができる。アルツハイマー型認知症では、その症状は記憶障害から始まり、新しい記憶が保持できなくなり、やがて過去の記憶も徐々に失っていく。そうであるからこそ認知症とは、「自分が自分でなくなっていく」と表現しても良いものだ。それを恐怖として感じる能力が残っているか、残っていないかという問題はあるにしても、本来の自分ではなくなっていく変化なのである。

我々は、認知症の人達と関わる時、この「自分でなくなる哀しさ」「自分でなくなる怖さ」を理解し、そうした人達の「こころ」を護るお手伝いをしなければならない。認知症だから仕方ないと諦めるのではなく、自分が自分でなくなっていく人々の内面を理解しながら、そうした人々に何が必要なのかを常に考え、あなたはここに確かに存在しているということを、それらの人々に訴える心の寄せ方が必要なのだ。

私はそこに確かに存在している。
それは私が必要とされているからだ。
私は決して、いなくて良い存在ではない。

認知症の人達は、そういうことを確かめることができる何かを求めているのではないだろうか。我々がその気持ちにしっかり寄り添うことができるようになるためには、我々自身が、それらの人々の存在を愛おしく思い、その存在に敬意を払う必要がある。
だから福祉人とは、愛する人でなければならないと思う。

PRIDE ● 4-3

自分の花を咲かせていますか

～過程を語ることは答えに結びつく方法論を手にするために必要

精神科医療機関から特養に入所したCさんは、特別な理由もなく不穏状態となり、大きな声を出す。そういう状態になると、どのように声をかけてもCさんの状態が改善することはなく、ずっと叫び続けている。傍らに寄り添って安心するように手をさすったりしても状態は変わらない。ただひたすら時間が経過して落ち着くのを待つしかない。その時、僕は自分の無力さを感じざるを得ない。結局何もできないことにいら立ちを覚えることもある。利用者の心を支え、安心して快適に暮らすための支援を行うことが我々に課せられた義務なのに、その結果を引き出す答えを出せないことをとても悔しく、恥ずかしく思う。

しかし、Cさんが穏やかに過ごしている時もある。笑顔が見られる時間もある。そういう時は、なるべくそういう状態が続くように、スキンシップをとったり、微笑んでもらえるように声をかけたりする。それを無駄だと思う人もいるかもしれない。なぜなら、そうした対応によって、不穏にならない状態に変化したり、不穏になる頻度が減るという結果に結びついていないからだ。

しかし、何をしても不穏状態になることは防ぐことができないから、穏やかな時の声かけやスキンシップも無駄であると考えてしまった時、我々は自らの可能性を奪ってしまうのではないだろうか。新しい答えは、行動を行っている人にしか出せないのではないだろうか。もちろん、そのことが単なる自己満足で終わってはならないし、自分が「何かをした」というアリバイづくりとして、自分自身のための行為に終わってはならないが、できることを考え続けて、無駄と思えることでもし続けることでしか見つからないものがあるのではないだろうか。

そのことが良いことなのか、むしろCさんにとって不必要で迷惑なことなのかを議論することはあって良いが、生活支援に関わる問題を議論する場合は、それが建設的議論でなければならず、行為を行っている人に対する好き嫌い、好悪の情からくる「反対のための反対論」はいらない。何もしない人が、何かを行っている人に対し、しなくてよい理屈をこねくり回すのはみっともないと思う。自分の考えとは違うから、「間違っている」と決めつける前に、自分ならこういう対応をするという具体策を示した上で、どちらが効果的なのかという建設的議論と、結果の検証作業を行わねば無責任だ。

医療機関の認知症病棟等で、カンフォータブル・ケアと呼ぶ、認知症の人に快刺激を与えるケアの取り組みが始められている。そこでは、認知症の人にとっての不快となる行為を行わず、看護職員や介護職員が、笑顔で丁寧な言葉で、適切なスキンシップを交えた対応で、認知症の人の行動・心理症状を緩和し、安心した暮らしにつなげている。そうした実践の場で行動している人によって、新たな可能性が開けるのだろうと思う。そうした試みから学ぶことが新たなケアのスタンダードにつながるのであり、行動の伴わない批評は意味がないと思う。

我々はできもしない理想論をぶち上げるだけで、実際にはそれとかけ離れたサービスを提供するだけに終わっては意味がないのだから、何が求められ、そのために何ができるのかという具体策をつくっていく必要がある。だから僕が全国各地で行う講演でも、理念は語っても、できもしない理想は語らない。介護施設という場所で、毎日考えながら、自分で見つけてきたことを言葉にして伝えるのが僕の役割だと思う。正答を出せないでいる問題も存在することは事実だが、その場合でも答えを探し続けている過程を語ることは大事だ。なぜなら、我々が答案用紙に書く答えの正解とは、ひとつではなく複数存在するからである。また、ある人の対応策で正解であったとしても、別の人の対応策としては不正解の場合があるからだ。過程を語ることは、答えに結びつく方法を複数手にするために必要なのである。

ところが、そうした考え方や行動に対して、何も行動していない人が、あら探しをしながら、反対のための反対意見を繰り返すことがある。その人が行っている行為で誰かを幸せにしていて、その方法と違う方法が、根本的に人を幸せにする支援法として間違っているというなら耳を貸す余地はあるが、何もしない人の反対論に何の価値を見いだせるというのだろう。

僕らが真摯に耳を澄まし、目を見開いて、学び取るべき人は、誰かの心に真摯に寄り添い、そこで誰かの心を癒す存在になる必要がある。そのための行動も取らずに、人の行動を批判するだけの人を「口舌の徒《くぜつのと》」と呼ぶ。少なくとも自らは、そう呼ばれるような人にならないように、介護サービスの場で実践者であり続けたいと思っている。そしてそこにたくさんの赤い花を咲かせたいと思っている。介護施設の管理者とは、赤い花になる人の芽を摘むことなく、一人ひとりが赤い花に育つように肥料をまき、水を与え、雑草を摘み、綺麗な花畑をつくり上げる役割を持っていると思うからだ。

花畑を踏み荒らすことを恥ずかしいと思える人を育て、自分の花を咲かせようとする人を育てるのが、管理者の最も大事な役割だと思うからだ。人の花畑を踏み荒らす暇があるなら、自分の花を咲かせたいと思うからだ。

PRIDE ● 4-4

信用してもらえない認知症の人の訴え

～認知症というフィルターをかけることで曇る目

　精神科医療機関の入院を経て特養に入所されたDさん（74歳、女性）は、アルツハイマー型認知症との診断を受けていた。認知症高齢者の日常生活自立度はⅢａレベル。意思疎通は可能だが、短期記憶の障害があり、自室が分からない等見当識障害も見られた。それにもまして我々を悩ませたのは、入所当初からの頻回な尿意の訴えであり、職員がそばを通るたびに、「おしっこがしたい」「トイレに連れて行って」「トイレはどこ」と訴えることであった。職員の姿が見えない時は、居室の中から大きな声で、「誰かおしっこに連れてって」と叫ぶ等、覚醒中は尿意を訴え続けるような状態である。

　尿意の訴えが頻回であるが、もちろんそのことを無視するわけにはいかず、その都度トイレに付き添って排泄介助を行うのであるが、排尿がほとんど見られないことも多く、少量の排尿が見られた場合も、後始末を終え別の場所に誘導した数分後には再び「おしっこが出る」と訴えるような状態が続いた。

この状態は施設入所前の医療機関でも同じだったようで、引き継ぎの際には「心気症状が疑われるのではないか」「寂しがって、おしっこをしたいという理由で職員を呼ぶのではないか」「単に誰かにそばにいてほしいのではないか」と申し送りがされていた。入院中は終日紙おむつを使用して、主に定時のおむつ交換で対応し、トイレで排泄する機会は少なかったようである。

しかし、頻回に尿意があるという意味は、おしっこをしたいという感覚はあるのだから、施設入所後は、日中のおむつ使用はやめ、パッドのみを当て、トイレ介助を基本にした。トイレでの動作は、立ち上がりに少し力を貸せば手すりを持って立位保持が可能であり、座位も安定して特別な問題はなかった。つまり、トイレで排泄できる状態の人なのである。実際のトイレ内での介助としては、便器への移乗介助と下衣の上げ下げと、排泄後の後始末を行っていた。夜間はパンツ式の紙おむつを使用したが、入眠前にトイレで排泄すると朝まで失禁はないことが多かった。夜途中で起きることがあり、その際も尿意を訴えるため、ベッドサイドにポータブルトイレを置き、夜はポータブルトイレ介助を基本としたが、便器に座っても少量しか排尿がない場合や、まったく出ない場合もあった。睡眠状態に問題はなく、ポータブルトイレ介助をすると、排尿がない場合でも安心するのかすぐ入眠し、夜間は日中ほどの問題はなかった。しかし、日中の頻回な尿意の訴えは、他入所者からもクレームが来るほどの状態となり、対応をどうすべきかを再考する段階で排尿状況を詳しく調べることとした。イン・アウトチェックを行ったところ、水分摂取介助により、必要な水分量は確保できていたが、それに対する尿量は、1回ごとの尿量も少なく残尿感もあり、全体的にも排泄量が少ないのではないかと思われた。

この時点で我々は、もしかしたら頻回な尿意の訴えは、認知症による行動・心理症状ではなく、寂しさの訴えでもなく、泌尿器の疾病があるのではないかと疑い、まず泌尿器科受診をすべきだという結論を導き出した。

結果的にDさんは、膀胱炎と診断され抗生剤が内服処方された。そして服薬を続けるうちに、頻回な尿意の訴えはなくなった。そのことから考えると、この方は膀胱炎によって、膀胱容量が低下し、尿が少し溜まっただけで尿意を感じてしまう状態であったことが想像できる。このようなケースは考えられている以上に多いのではないだろうか。

つまりDさんは、本当に「おしっこがしたかった」のである。その感覚を極めて正常に訴えていたのである。ところが、入所前の医療機関でも、入所当初の施設でも、Dさんの診断名がアルツハイマー型認知症とされていることから、一人の人間と見る前に、「認知症」というフィルターをかけて見てしまったのである。正常な訴えに耳を澄ますことなく、認知症による混乱とか、心理症状とか、寂しがって尿意を理由に職員をそばに呼ぶ等、別に理由があるというふうに曇った目で見てしまっていたのだ。

認知症という診断を受けている方の言動が、すべて認知症の影響を受けたものであるという我々の偏見とも言える価値観が邪魔して、正しい対応が遅れたケースである。

よく考えると、我々の周囲で、精神的な問題や症状のない人が同じ訴えをしたならば、真っ先に泌尿器科疾患を疑うだろう。認知症の人であるからこそ、それができないということであれば、認知症の人は常に訴えることを信用してもらえないということになる。このケースから我々は、認知症であっても、自らの状態や感情を正しく訴えることができるのであるという基本を忘れてはならないと反省した。

認知症の人と見る以前に、いかなるフィルターもかけずに、一人の人間として見ることが必要であるとあらためて考えさせられた。認知症ケアの前に、人の暮らしを護るケアが必要であることを再確認した。

PRIDE 4-5

心の声を聴く人になってください

～過程によって状況が生まれる。過程を無視しては考えられない

プロ野球の中日とロッテで、ストッパーとして活躍され、後に横浜ベイスターズの監督も務め

た牛島和彦氏が出演されていたテレビ番組で、高校野球やノンプロの投手等に、司会者が次のような質問を投げかけて答えている場面があった。

「1対0でリードして迎えた九回裏。ツーアウト満塁で、ボールカウントが3ボール2ストライクになったとしたら、次の球種は何を選択しますか」

それに対して、高校生やノンプロの選手からは、「その日自分が一番自信を持って投げられる球を投げる」「打たれても悔いがないように、自信のある真っ直ぐで真っ向勝負する」「自分の決め球に賭ける」等様々な意見が出された。ところで、同じ質問を振られた牛島氏は、それらの意見とはまったく異なる考え方を示された。牛島氏曰く、「どういう状況でツーアウト満塁になったのか、そしてその状況で、どういうふうにして3ボール2ストライクというカウントになったのかによって、選択する球種もコースも全然違ってくるので、その質問には答えられません」。

なるほど、これこそプロフェッショナルだと思った。今そこにある状況には、必ず過程があるのだ。その過程によって状況が生まれているのだから、そこで求められる対応は、過程を無視して考えられないということだ。この考え方は、対人援助に関わる我々こそ持たねばならない考え方ではないのだろうか。

たとえば僕は、「認知症の理解とケア」に関する講演を行うことがあるが、そこではアルツハイマー型認知症やレビー小体型認知症等の症状の特徴や、そうした症状がある人達への対応方法を具体的に示すとともに、過去に僕が経験した認知症の方々との関わり方の中で、症状の改善や精神の安定が見られたケース等を紹介し、その分析を行うことが多い。そして、認知症の方々に求められている我々の対応方法とはどのようなものかということを明らかにしている。

そうした講演後の質疑応答では、今現在対応に苦慮されている方から、具体的なケースの相談を受けることがある。それはたとえば、認知症で重度の記憶障害と見当識障害がある人が施設で暮らしているとして、その人が頻回に帰宅願望があるとする。この人にどのような対応をすべきなのかというような質問である。しかし、それに対して僕が示すことができるのは、一般論としての解決策の提言のみである。それは問題解決の糸口になるかもしれないけれど、個別のケースによっては通用しない方法論かもしれない。なぜなら認知症の人に対する個々の対応方法は、その人に向かい合って、その人の置かれた状況や、感情のあり様を理解して、初めてわずかな光が見つかり、そこから解決策を手繰り寄せていくという地道な作業でしか見つからないからだ。

同じように、重度の記憶障害と見当識障害があって帰宅願望のあるAさんと、Bさんという別の人では、帰宅願望に結びつく理由や状況がまったく異なり、場合によっては、それは我々の想定を超えた状況であるかもしれないのである。そうであれば、そこでは真に個別の事情というものを理解しようとする態度からしか解決策は見いだせない。

認知症の人が何を求め、どうしてほしいかを見いだすためには、その人自身を真剣に見つめて、一人の人間としての思いに我々の心を寄せて、自分がその立場であったらどうしたいのかを真剣に考え、その人の心の叫びを我々自身の心で感じて、それをサービスとして具現化する以外ないのだと思う。

認知症のケアに精通した一人の講師がいたとしても、我々のサービスの場で関わる、一人ひとりの認知症高齢者の暮らしを良くする方法についての答えは、壇上の講師が持っているのではなく、介護サービスの場で利用者に真剣に向かい合う人が、利用者から教えられる中でしか見つからないのだと思う。

だからもっと真剣に、利用者の本当の姿を見つめる必要があるのだと思う。「もっと私を見て」という声なき声を聞かなければ、答えは見つからないのだと思う。私達自身の胸が何かを叫ぶようになるまで、真剣に利用者を見つめなければならないのだと思う。

目をそらさずに、認知症の人々の心の声を聴く人になろうとすることが、一番求められることだと思う。

PRIDE 4-6

認知症の人の感情が、唯一の真実です

～行動変容には工夫と時間が必要だ。それを行う知恵と勇気と決断が必要だ

認知症の人は、何も分からなくなるので不幸も感じないと言う人がいるが、それは明らかに間違った考え方である。認知症の初期には、何かおかしいと感じて不安になり哀しむ人が多いし、認知症の症状が進行して、記憶保持ができず、見当識が失われた状態になっても、感情は残っているので不安な思いを持たないということはない。

僕が担当したケースで、常に声を出している認知症の方がいたが、その方はコミュニケーションが取れる時があって、その時に声を出す理由を聞くと、「困っている」という。何に困っているかを表現することはできないが、そこにはその人が困っているという事実が存在している。その原因は、今いる場所がどこか分からなかったり、周囲の人々が誰なのか分からなかったり、今がいつで自分が誰なのかが分からなかったりという様々な理由が考えられる。

僕達にできることは、認知症の人の気持ちを推し量り、困っているという事実を受けとめ、その原因を想像し、その原因を取り除く方法を模索し、具体的サービスを創造していくことだ。決

して行ってはならないことは、「困る必要はない」とか、「困る理由がない」と、その人の感情を否定し、無視して説得に走ることである。僕達にとってあり得ない状況であっても、認知症の人にとってはそれが唯一の真実なのだ。そう感じているという状況を、理屈で覆したとしても、それは何の問題解決にもならないのである。

それでは、認知症の人は不幸なのか？　と問われた時、僕達はどう答えれば良いのだろう。その答えは一つではないだろうが、僕ならば次のように答えるだろう。

「認知症になりたい人はいないだろうし、できれば認知症とは無縁に一生を終えたいと思っている人は多いだろう。しかし、65歳で7人に1人、85歳で4人に1人が認知症になるという事実を考えると、認知症とは、老いていく過程でなり得る様態の一つにしか過ぎず、決して運悪く認知症になったということでもなく、恥ずべきことでも嘆くことでもない」。

認知症になっても周囲の人の理解が得られ、その状態を受容してくれれば、認知症の人は心穏やかに安心して暮らし続けることが可能となる。ただし、認知症の人を蔑視して、その行動を理解せず、認知症の人の気持ちを推し量ることなく、すべてを否定的に捉えて、説得や行動制限に終始するとすれば、そこで認知症の人は不幸になって、嘆き哀しみ困り続けるだろう。

不幸は認知症という症状そのものがつくり出すのではなく、周囲の環境がつくり出すのだと思う。だから僕達は、不幸をつくり出す人にならない自覚を持って、認知症の理解に努める必要があるのだと思う。認知症の人が困らないように、何を求めているのかを根気よく探し続ける必要があるのだと思う。介護サービスの場で、認知症の人が感じていることは何だろうか。たとえばそれは、「ここはどこなのだろう、自分はなぜここにいるのだろう、どうやってここに来たのだろう」「ここはなぜ年寄りばかりなのだろう」「ここは病院なのか。どうして自分がこのような場所にいなければならないのか」「あの若い人はなぜ自分の名前を知っているのだろう」「何か薄気味悪い。どうして自分の後を、知らない人がつけてくるのだろう」「知らない人が、なぜ自分に話しかけてくるのだろう」「年下の人間がなぜ自分に横柄な言葉や態度で接してくるのだろう」ということではないのだろうか。

認知症の人に対し、認知症という冠をつけず、一人の人間として、僕達はお客様に接する態度で対応しなければ介護のプロとは言えない。同時に介護のプロであれば、サービスの方法論として、様々な引き出しを持っている必要がある。その中で、生活リズムを整えるという引き出しも大事である。

ある認知症の人は、施設入所前から夜型の生活を続けており、入所後も昼夜逆転傾向となっていた。朝食は食べないことが多く、体重もＢＭＩも減少し、日中は部屋を暗くしてベッドに横になっていることが多かった。それに対して僕達は、朝7時に「おはようございます」とカーテンを開けて明かりをつけ、夜の10時には明かりを消すということを、毎日徹底したところ、夜間に居室から出てくる回数が次第に減り、細切れになっていた睡眠時間が改善された。さらに、午前10時からのレクリエーションに参加する等、日中は居室から出てくることが増えてきた。そうした生活を根気強く続けていた結果、この方の昼夜逆転は改善され、生活リズムが整っていった。

アルツハイマー型認知症で、「入浴拒否が強く、入浴誘導時にスタッフに対する暴力行為もあること」「飲水量が少なく、主にジュースで水分を摂っていたこと」「日中傾眠傾向があり生活リズムが一定でない」等の課題があり、65日間入浴できていない人に対しては、次のような目的と対応方法を考えて実践した。

●生活リズムをつくるため

・起床時間を同じにして毎日同じ声かけを行い、定時に散歩に誘う

・1日のスケジュールを書いた紙を渡し、本人の不安を解消し生活リズムをつくる

●飲水量を増やすため

・薬を飲むタイミングを分け、食前食後に水を飲んでもらう

●定期的に入浴してもらうために

・スケジュールを理解してもらい、入浴しやすい環境をつくる

・表情が穏やかな時に声かけを行うようにする

こうした取り組みを続けていくことで、入所後66日目に入浴支援ができるようになったことが

きっかけで、定期的に入浴するという習慣が確立したケースもある。どちらにしても、利用者の行動変容には、工夫と時間が必要なのだ。それを行う知恵と、続ける根気と、結果を導き出す決断（結果が出ないならば方法を変えるという時期の決断を含む）が求められるのである。

PRIDE 4-7

物言えぬ家族を生まないために～認知症ではなく人を見つめる

在宅で認知症の人を介護している家族の方々は、認知症になった家族に対する思いも、介護に対する考え方も様々だ。中には「介護の達人」と称しても良いような素敵な対応をしている方がいらっしゃる。それは誰かから教えられた方法でもなく、認知症の家族とその症状に向かい合う中で得てきた独自の方法だったりする。そしてその根底には、家族に対する深い愛情が存在している。そうなると、僕らはそれらの人に教えられるばかりで、物知り顔にアドバイスしても、自分の言葉が空虚にすら感じられてしまう。

ある男性介護者は、夫である自分の顔さえ分からなくなった認知症の妻から、毎日のようにプロポーズされるそうである。顔や名前を記憶できない人から毎日好きになってもらえるように対応し続ける夫の姿は凛々しくさえある。認知症の人の脅威にならずに、愛され続ける存在になるように対応することは、夫婦という最も近い関係であるがゆえに難しいことが多いが、ごく自然に認知症の人にとって一番信頼される存在になっている。そのような人に向かい合うと、僕達が得てきた知識や方法論等は、積み重ねてきた家族の愛情の前では、まったく意味のないものに思ってしまうことがある。その時にそうした家族の愛ある姿から、何かを学ぼうとするか、何も感じず無視してしまうかによって、僕達自身のスキルに差がついてしまうのではないだろうか。

こうした介護の達人がいる反面、家族の中には、自分の親が認知症になったことにショックを感じ戸惑っている人も多い。まさか自分の親が認知症になるなんてと嘆く人もいる。それだけ親という存在は、子にとって頼るべき存在なのだと思う。だからそうしたショックや嘆きの感情を持つことを否定する必要はない。そこからいかに立ち直り、自分の親の認知症を受け入れて、認知症という症状があっても、その冠を取り払い、子として人として、親に向かい合って関わることが大事である。認知症の人を介護している家族にとって、介護している親が認知症であったとしても、それは「認知症の親」ではなく、「親」なのである。僕達はそこを間違えてはならない。認知症についての正しい症状理解があることは大事だが、支援対象者を常に「認知症」というフィルターをかぶせて見なければならないわけではない。その人の認知症の症状への対応は、認知症に対する正しい知識を持った上で、症状を理解して対応すべきではあるが、その人との関係性は、人が人に向かい合う基本姿勢を貫くことでしか成り立たない。

そこにいる認知症の人は、認知症という状態にあるのかもしれないが、それはその人の存在を語る上で唯一その存在を規定する物差しではない。その人には、それまで生きてきた生活歴があり、その中で培ってきた様々な人との関係性があり、その環境の中で存在している人として見る必要がある。その人は、認知症の症状があるとしても、誰かにとっても親であり、祖父や祖母であり、愛する人なのだという理解が必要だ。そのことを決して忘れないでほしい。

認知症の人を家族に持つ人々が抱く哀しみには様々なものがある。その中でも特に心に深く突き刺さることは、自分の親を、年端もいかない若い介護職員や看護職員が、子供に対するような言葉遣いや態度で接することだ。指示命令口調に終始し、年上の利用者であるという意識に欠けた対応に終始することだ。それが介護施設であれ、医療機関であれ、居宅サービスの場であったとしても、哀しみの感情を、家族がストレートに介護事業者にぶつけることは難しいだろう。自分の抗議によって、人知れず誰もいない場所で、自分の愛する家族が虐待されるのではないかという不安を常に抱えているのが家族という存在である。認知症の人の家族ならなおさらである。待遇が悪くなっても、影でいじめられたとしても、そのことを正しく訴えられないから余計に心配になるのだ。

介護サービスの場で、クレーマーとか、モンスター家族という言葉で、様々なことに苦情を挙げる家族のことを問題視することがあるが、そのような家族より、物言わぬ家族、物言えぬ家族の方が多いのである。そんなことを当たり前にしてはならない。介護サービスは人を傷つけるためにあるのではなく、人を哀しませるためにあるわけでもない。

人の暮らしと心を護り、笑顔をつくる介護サービスでなければ、その存在価値はなくなる。そのためにも、言葉や態度を崩すことが親しみやすさであると勘違いする風潮をなくしてほしい。認知症のことを、「ニンチ」等と略して表現し、家族がその物言いに差別感を抱くようなことをなくしてほしい。認知症の人と、その家族を蔑むような言葉や態度をなくしていかない限り、介護によって知らず知らずのうちに傷つけられる人はいなくならないだろう。そしてそれは、自分や自分の愛する誰かの身に降りかかってこないとも限らないのである。

介護のプロとして、誰かの暮らしを護る最前線に立つ職業に就いているという使命と誇りを護るために、人の哀しみや苦しみに、鈍感になることだけは避けたいものである。

PRIDE

5

命に寄り添う使命

人の命は儚《はかな》い。それゆえに尊い。僕達は時として，誰かの命が燃え尽きる最期の瞬間まで寄り添うことが求められる。しかしその意味は，死にゆくための援助ではなく，最期まで尊い命の炎を燃やし続けるための援助である。誰かの「生きる」を支えることが，僕達の使命である。

PRIDE 5-1

グリーフケアを考える

～必要に応じて必要なスキルを持った人によって行われるべきケア

死者数が増え続ける中で、看取り介護・ターミナルケアの重要性があらためて問われている。その延長線上にグリーフケアを考える関係者も多い。グリーフケアとは、「近しい人と死別した人が悲嘆（グリーフ）から立ち直る過程を支援する取り組み」であり、そのことをあらかじめ見据えた看取り介護があって当然である。グリーフケアの在り方を学ぶ機会が増えていることは良いことであり、その取り組みを否定するつもりはない。だが、一部の関係者の中で、「看取り介護の完結は、グリーフケアがあってこそ」という誤解が広まっていることには異議を唱えたい。グリーフケアは看取り介護の延長線上において、必ず行わねばならないケアではなく、それは必要に応じて、必要なスキルを持った人によって行われるべきケアである。ここを間違って捉えている関係者が多いのではないだろうか。

高齢者との死別に悲嘆感が伴わないわけではない。しかし、「大往生」という言葉があるように、長命の末の死は、周囲の人々もその事実を受け入れやすいという現実がある。そうした中での自然死であれば、その死が安らかであることで、旅立っていかれた周囲の人々の心の安寧《あんねい》につながると言って良いだろう。そうであれば、我々が目指すべきものは、グリーフケアが必然と考える看取り介護ではなく、旅立っていかれる方が安心・安楽に最期の時間を過ごすことができ、看取る家族と良い形で命のバトンをつなげ、グリーフケアを必要としなくなることではないのだろうか。

高齢で病弱であったために、面会もままならず、夫の息が止まる瞬間に間に合わなかった妻は、最期の瞬間を看取った夜勤者に、最期の場面がどのような状態だったのかということを、繰り返し尋ねられ、安らかに逝った様を確認して、一筋の涙を流された後、ホッとしたような顔をされた。その方は、通夜と告別式の席で参列者に、自分が聞いた夫の最期の模様を、自分がそこにいたかのように話され、安らかな旅立ちで良かったと何度も話されていた。その方にとってそうした思いを持つことができたことそのものがグリーフケアであり、それは看取り介護に関わる我々にとっては、最期の瞬間を家族に代わって手を握って見送ることができる関係を、普段からつくり上げて、旅立つ瞬間をきちんとお見送りすることだろうと思う。

一番問題なのは、グリーフケアと称して、誰かの死後にセレモニー的な対応を繰り返すことである。たとえば、介護施設で亡くなった方がいるとして、その一周忌に必ず手紙を出し、かつての施設での暮らしぶりを書き綴って、お悔やみの言葉を添えるとした場合に、そのことがすべての遺族に肯定的に受け入れられるとは限らない。そのことによって旅立っていかれた自分の身内を忘れないでいてくれる人がいると喜んで、心安らかになる人ばかりではなく、無機質な手紙の文章に不快感を持ったり、やっと忘れかけた哀しみを思い出して落ち込んだり、我々の想像外の状態になる人もいるのである。

グリーフケアとは、相手の顔が見えない場所で、我々の価値観だけで勝手なセレモニーを続けることではない。それは厳しく戒めなければならないことなのである。そうであれば、グリーフケアとは、その必要性があるかということをきちんと把握した上で、その人にとって何がグリーフケアになるのかという個別の状況を考慮して行うケアでなければならない。それは決して簡単な問題ではなく、グリーフケアと称した対応が、結果的に遺族の悲嘆感を深めないように配慮が必要だ。

僕が以前勤めていた施設の例であるが、何年も前に施設で看取り介護を行い、旅立っていかれた方の遺族が、その後何年も続けて施設の一番大きな行事の際に、寄付物品を持参して訪問してくださっていた。その方は、施設内を懐かしそうに見て歩き、最期に母親が暮らし、最期を看取った部屋を確認し、かねてからの知り合いの利用者とお話をして帰るのが常である。葬儀の後、亡くなった方の部屋を最後にもう一度見ておきたいと訪問される遺族もいらっしゃる。何年も前に亡くなられた方の遺族が、お墓詣りの途中に施設に寄って、中を見て歩く姿も見られた。

こうしたことは、我々が主体的に提供するグリーフケアではないが、ある意味、遺族自らのセルフグリーフケアになっているのかもしれない。そうではなくグリーフケアが必要ではない看取り介護の結果と言えるかもしれない。どちらにしても、グリーフケアの重要性は分かるが、その意味を安易に理解したつもりになって、遺族の心持を斟酌することなく、何の構えもない遺族の心に土足で踏み込むようなセレモニー的な対応をグリーフケアであると勘違いすることがあってはならない。

グリーフケアに携わるには、人の喜怒哀楽の感情により敏感になって、心底人を思いやるという基本的態度がまず求められる。人の悲嘆感とは、そう簡単に癒えるものでもないし、それは心の底から共感する人によってしか、癒されない感情なのである。そのことを自覚・自戒して関わる必要があるのだ。

PRIDE ● 5-2

看取り介護における医師の役割

～医学的見地に基づいた「何もしなくてよい」という判断が不安を解消させる

看取り介護を行う際に、医師の役割が重要であることは言うまでもない。看取り介護を実施するに際して、対象者が「回復不可能な終末期」であるという判断は、医師しかできない。そして終末期であると判断したならば、どこで人生の最期を過ごすかを決めるに際し、本人（もしくはその家族）に、終末期であるという病状説明を行うことも医師の責務である。これは誰かが代わって行うことができる行為ではない。そしてその際には、余命診断も行う必要があるだろう。そうした終末期の判断や、余命診断がきちんとできておれば、「看取り介護になってから1年以上経過しているが、計画は見直す必要はないか」などという、おかしな質問がされるわけがない。

本来終末期とは、余命半年以内の状態を言うものであり、予想外の回復がないとは言わないが、基本的には1年以上にもわたる看取り介護というものが存在することの方がおかしい。医師はそのことを、どのように判断しているのか、逆に聴いてみたい。

たとえば、末期がんという判断は、「治療効果が期待できなく余命がおおよそ6カ月にある時期」という定義づけが可能で、それは「一般的に認められている医学的知見」と言って良いだろう。それ以外の病気の場合は、まず治療を試みて治療効果があるかどうかを判断した上で、治療効果がなくなり余命が半年以内と予測される場合に、終末期であるという判断がされるものである。

この際に、回復不可能な嚥下困難の場合でも、胃瘻による経管栄養を行えば延命は可能であるが、高齢者自らが自分の生命を維持できなくなった状態にあるという意味で終末期とみて良いという考えが、我々が採用してきた判断基準である。

そして、いったん看取り介護に移行した場合、医師の役割はさらに重要となる。そこでは医師は、対象者やその家族に安心感を与える役割を担う。看取り介護に移行し、積極的な延命治療が必要なくなったからといって、医師の姿が見えにくくなれば、対象者や家族は、不安感にさいなまれるであろう。医療対応が必要なくとも、「体調はいかがですか」「お変わりはないですか」等と声をかけるだけで、対象者や家族は、安心できるのである。

そして、看取り介護の場面で、医師に求められる最大の役割とは、医学的知見に基づいた「何もしなくて良い」という判断である。これは、医療知識と医療技術があって、何でもできる医師だからこそ判断できることで、もともと何もできない人が、知識も技術も存在しない場所で、「何もしなくて良い」などという判断をしてはならないし、そんなことがあれば恐ろしいことになる。何でもできる医師が判断してくれるからこそ、何もしないことへの不安は解消し、安心の暮らしを送ることができるのである。

こうした重要な役割を持つ存在であるからと言って、医師だけが絶対権力者になることは許されない。看取り介護は誰かの人生の最終ステージを安らかに、安心感を持って過ごすことができるようにチームで支援することなのだから、看取り介護対象者を中心に置いて、すべての物事が考えられなければならない。看取り介護の理念は、チーム全員が共有し、一人のスタンドプレーに陥らないようにする必要があるのだ。

介護施設の場合、そのことも含めてチームを統括するのが施設長だから、統括者としての責任を施設長は担う必要もあるという意味になる。このように、看取り介護には医療的支援が欠かせないが、それはあくまで緩和医療であり、対象者が旅立つ瞬間に医師や看護師がいなければできないケアではない。ここの部分は「介護」であることを忘れてはならない。

このことに関連して、ある医師の素敵な言葉を紹介したい。福岡市を中心に活動されている弁護士の篠木潔氏が主宰する「リーガルソーシャルワーク・ケアマネゼミ・チーム篠木特別講演会・今、伝えたい看取りのこころ」が2016年11月、福岡国際医療福祉学院ももち国際ホールで開催された。僕も講師の一人として参加していたが、在宅療養支援診療所まつおクリニックの松尾勝一院長も講師役として登壇された。講演当日の朝も、担当患者さんのお看取りをしてきたという松尾氏の講演は、福岡市における訪問診療と在宅緩和ケアの状況を詳しく解説され、その中で松尾氏がどのように、看取り介護対象者の方に向かい合っているのかということが具体的に説明された。一番印象に残ったことは、医療機関で行う終末期医療・緩和ケアについて、「医療機関でできることで、在宅で行うことができないことはないが、在宅で行うことができることで、医療機関ではできないことは結構多い」という言葉である。

「畳が敷かれ、仏壇があり、家族がいる自宅だからこそ、可能となる看取り方がある」という松尾氏の言葉が、今でも耳に残っている。我々の介護施設での看取り介護も、そのことをしっかり理解して、医療機関ではなく家庭になり代わる場の看取り介護を目指していかなければならないと思った。

許される嘘　旅立つ場において～愛情をつなぐための嘘もある

介護サービスの場に限らず、我々の社会では真実が隠されてしまうことが一番問題だ。我々のサービスにおいても、我々の側に不都合が生じることが予測されようとも、事実を隠して問題を覆い隠すようなことは許されない。事実を隠そうとすれば、そのためにたくさんの嘘が必要になる。それはやがて新たな問題を生み、その問題を隠すために嘘に嘘が積み重なっていく。やがてその嘘で塗り固めた状況が破綻した時、結果的には事実を伝えておれば良かったということになることが多い。そうしないためにも、事実は事実として、きちんと明らかにして検証することを常識にしなければならない。真実とは、そういう事実の積み重ねによって初めて生まれるものだ。

しかし、人間が幸福に暮らすための「小さな嘘」は許される場合があるのではないだろうか。それは、真実を覆い隠すこととは少し違うのではないかと考えさせられる場面がある。愛する人を守るために、愛する人に安らぎを与えるためにつく嘘は許されるのではないだろうか。たとえば、不治の病に侵された身内に、事実を告げるだけが唯一の答えではないように思う。

しかし、肉親ではない人に対する嘘はどうだろう。たとえば、我々が職業とする介護サービスの場で、利用者や家族に嘘をついて許されることがあるだろうか。原則的にそれはないだろうと思うが、原則を外れた例外の嘘が許されるのではないかと考えた事例を紹介したい。

入浴拒否を主症状にした介護拒否のため、グループホームから退所させられ、僕が施設長を務めていた特養に入所されたEさん。過去に浴槽で溺れたことがあった。そのトラウマから最後まで浴槽には入れなかった。しかし、長い時間をかけて施設職員との人間関係をつくることができ、最期は1日置きにシャワーを浴び、綺麗な体で旅立つことができた。

Eさんは亡くなられる直前、「看取り介護」の対象となり、家族の同意を得て施設で看取った。最期の2日間は60代の娘さんが宿泊されたが、2日目の夜を過ごし終え、3日目の日中に病状の小康状態を得た。この時、娘さんは自分の替えの下着がなくなったということで、施設から車で15分くらいの場所にある自宅まで下着を取りに帰ることにした。ところが、娘さんが運転する車が施設の敷地を離れた10分後にEさんの容体が急変したため、娘さんの携帯電話にすぐ戻ってくるように連絡を入れた。

車が施設に到着し、娘さんが車を降り正面玄関に入ってくる様子は、Eさんの居室の窓から見ることができ、我々は娘さんがEさんの最期の瞬間に間に合うように気を揉みながら、その姿を見ていたが、娘さんも足が悪くなかなか居室にたどり着かない。1階から2階の居室に上がってくる際も、階段を駆け上がってくることはできず、エレベーターで昇ってくる。その待ち時間は、我々には非常に長く感じられた。そしてエレベーターが2階に着いて扉が開き、娘さんがそこから居室まで歩いてくる途中でEさんの呼吸が止まってしまった。

本来ならそこで我々は娘さんに対し、「ずっと頑張って待っていたけれど、いま○○さんが歩いてくる途中で逝ってしまわれました」と伝えるべきだろう。しかし、2日間泊まられて、ずっと寄り添っていた娘さんの姿を知っている僕は、その時事実を告げることができなかった。居室にたどり着いて、ベッドサイドに駆け寄り、手を握ってもらった時、その手にはまだ十分なぬくもりがあった。そしてその時、瞬間的に僕は、「あっ今呼吸が止まりました。待っていたんですね」と言った。娘さんはその時、ホッとされたような表情に見えた。数秒の違いではあるが、あの時僕は真実を伝えた方が良かったのだろうか？　でも、僕はあの時の嘘は真実を覆い隠すような嘘ではなく、許されても良い嘘だったのではないかと思っている。なぜならその嘘は、旅立たれたEさんから、娘さんに対する命のバトンリレーのための、愛情をつなぐための嘘だからである。

少なくともその嘘を、旅立っていったEさん自身は許してくれるのではないかと思っている。

PRIDE 5-4

死について語ることをタブー視しないこと

～信頼関係を構築した上で「死」について考える

人間の致死率は１００パーセントである。誰も死を避けることはできない。だから人生とは、この世に生を受け、その命が尽きるまでの長い旅であり、それは人生というステージで、それぞれの人が主役を演じる旅である。

そうであるがゆえに、死とは終わりではなく、人生を完結するステージのラストシーンであるという考え方がある。そして、そのラストシーンをどう生きるのかを自分で選択する権利があるという考え方がある。その中で、終末期に積極的な延命治療を行わないという選択肢もあって当然という考え方もあるだろう。

しかしその選択のためには、今現在、終末期の判断がどのようにされて、どのような延命治療が考えられ、どのような終末期医療が行われるのか、その結果何が起きているのかということが、適切に情報提供され、それを基に広範囲で国民議論が展開されていく必要があると思う。この議論が十分行われていないところで、治療という専門行為について、素人である我々に何かを決めろというのは、あまりに無責任ではないかと考えたりする。そのためには、死を語ることをタブー視せず、社会全体で、住み慣れた地域の中で、愛する家族同士で、そのことの話し合いがごく普通に行われることが望ましいのではないだろうか。

そういう意味では、中村仁一氏の『大往生したけりゃ医療とかかわるな―「自然死」のすすめ』（幻冬舎）とか、石飛幸三氏の『口から食べられなくなったらどうしますか 平穏死のすすめ』（講談社）などの書籍により、医師の側から現在の死の実態が伝えられ、人が死に臨む際の問題提起がされ、経管栄養を含む医療対応は必要ないのではないかという考え方が示されたことは意義深いことであると言えよう。その本はたくさんの人々に読まれているが、保健・医療・福祉・介護関係者以外の方にも読んでいただきながら、様々な専門職種の方と一緒に国民として議論に参加してほしいものだ。

ところで、死が終わりではなく、人生を完結させるステージのラストシーンだとすれば、ターミナルケアとか、看取り介護と呼ぶ時期は、まさに人生の最終ステージのクライマックス場面を支援する行為であると言えよう。僕が施設長として勤務していた特養では、この過程を「看取り介護」として、指針に沿って実施し、そのことで加算報酬を得ていた。この加算は「看取りに関する指針を定め、入所の際に、入所者又はその家族等に対して、当該指針の内容を説明し、同意を得ていること」という算定要件があるので、入所契約を交わす際に、必ず指針の内容を説明し、延命治療を受けずに施設で最期の時間を過ごし、最期の瞬間を迎えるという選択肢があることを説明していた。

このことについて、入所契約時という、信頼関係が十分構築していない時期に、自らの死を連想させるような「看取り介護指針」の説明はショックを与えることになり、時期としてふさわしくないのではないかと危惧の念を示す人がいる。しかしそれは違うと思う。この説明は、終末期に医療機関へ入院することを否定するものではなく、強制的に施設で死の瞬間を迎えることを求めるものでもない。積極的な延命治療を受けずに、安楽に施設で最期の時間を過ごすという選択肢があることを説明するだけである。回復不能な病気になったからといって、そのことで退所を迫られるわけではないという意味も含め、それは施設が最期まで安心して暮らし続ける居所となり得るという説明でもあるのだ。そうであれば、このことは入所契約時に説明し、安心して過ごし続けることができる終生施設であると理解した上で契約を交わすことは必要不可欠であると考えている。そうした理解ができるように、真摯に丁寧に説明すれば良いだけの話である。

一方、最近では利用者自身が意思決定できるうちに、最期の時間をどこで過ごしたいか、延命措置をとることを望むのか、望まないかという意思を確認し、その意思を書面に残しておこうということで、「宣言書」という書式を備えている施設が多くなった。私が施設長として勤務していた特養も「延命に関する宣言書」という書式を備え、意思確認できる人には、説明して宣言していただくようにお願いしていた。しかしこの宣言書は、入所契約時に説明して、宣言してもらうということはあってはならないと思っている。

その理由として、そもそもその施設で最期の時間を過ごしたいか、そうしたくはないのかについては、入所した瞬間に決めることができる問題ではないからである。それは、ある程度の期間、その施設で生活して、どのような職員から、どのようなケアを受けることができるのかが明らかになって初めて決めることができる問題であり、最期にどう過ごすかという宣言を入所時点で行えるわけがないからだ。しかも、その宣言とは、看取り介護指針の説明とは異なり、自分が死ぬ瞬間を想像して決定するという精神的負担の伴う決定事項だから、施設サービス提供者が、人間関係の構築ができる前に機械的に行うべき説明ではない。きちんと信頼関係が構築された上で、「もしもの場合に備えて、ご自分の死についても考えておく必要がありますよね」という会話が可能な時期になって初めて確認できる問題である。

ここを取り違えてはいけないと思う。そしてそのことに気を遣うことが、命の重みを忘れないことではないかと思う。

PRIDE ● 5-5

終活を考える〜愛する誰かに対する「できる限り」の意味

「終活」という言葉を聞く機会が増えている。その言葉に明確な定義があるわけではない。それは、人が自らの人生の最終章を迎えるにあたって行うべきことを総括した意味と考えられており、自分がまだ元気で意思を伝えられる時期に、自分自身のための葬儀や墓などの準備や、財産処分の方法などを決めておくことや、終末期に意思を伝えられなくなった時に備え、リビングウイルの観点から、どのような医療を受けたいのか、口から物を食べられなくなった時にどうするのかなどの具体的な希望を第三者に伝えておくこと等を指している。それらを総合的に考えるセミナーが「終活セミナー」である。

最近はこうした終活セミナーの講師としてご招待を受ける機会が多くなっている。その理由は、僕が日ごろから看取り介護講演の中で、看取る側の立場からの話にとどまらず、自らが看取られる立場になった時のことを考えて、元気なうちからその備えをしておくことが大事であると主張しているからであろう。そのために終活セミナーでは、次のような提言を行っている。

自分が回復不能な嚥下困難な状態になった場合、経管栄養による栄養補給をするのか、してほしくないかということについて、自らの意思を明らかにしておく必要がある。終末期をどのような状態で過ごしたいのか、どのように自らの人生の最終章を迎えたいのかということについて、自らの意思を明らかにしておく時期に、「早過ぎる時期」は存在せず、周囲の信頼できる人に、その希望をできるだけ早く伝えておく必要がある。その意味は、最期の瞬間まで自分が自分らしく生きるために必要であるのと同時に、終末期に何をすべきかを決めるという「重い判断」を家族に委ねるのは酷であるという意味がある。少なくとも僕は、僕の意思を明らかにしないまま、愛する家族がそのような重い判断をしなければならないという心の負担を負わせたくないと思う。

口から物を食べられなくなった時に、本人の意思が確認できない状態で、死期を早めることにつながる、「経管栄養は行わない」という決定を自分の妻や息子が行った場合、僕自身はそのことにまったく異議はないし、妻や息子が決めたことをすべて受け入れて、決定してくれたことをありがたく思って旅立っていけると思う。しかし、その決定を行った当事者である妻や息子の立場に立って考えればどうだろう。夫もしくは親の意思が確認できない状態で、最善の結果を求めて真剣に判断したとしても、いざ死という場面に直面した際に、自分が配偶者もしくは親の死期を早めたという罪悪感をまったく持たないという保証はない。そのことで悩み苦しむかもしれない。そのようなことがないように、「延命措置を取ってほしい」「延命措置を取ってほしくない」

という自身の希望や判断は、きちんと家族に伝えておくべきである。自分が終末期をどう過ごしたいか、どのように人生の最終章を迎えたいかを明らかにしているにも関わらず、なおかつその判断と異なる決定を家族が行ったとしても、僕自身はそのことを認めるだろう。ただ、それが残された者の心の傷にならないことを祈るのみである。逝く者は残される者が幸せでさえあれば良いと思う。

死とは、ある人の生命の終わりを表すが、その影響は逝く人のみならず、その周囲の人々すべてに及ぶものである。そうであるがゆえに、逝く人より生きてこの世の時間を過ごし続けていかなければならない人が、どのような影響を受けるのかということの方が重要ではないかと考える。残される者たちが、逝く人を愛おしく思う限り、間違った決定というものは存在しないのだろうと思う。愛する者同士が、愛を持って決定する行為に、「誤り」は存在しないのだろうと思う。だから周囲の人々は、そうした状況で決断された結果を、審判することがあってはならないわけで、すべてを受容すべきである。

ただ一つだけ送る側の人に言っておきたいことがある。最期の場面まで、どのように過ごすべきかを決定する際に、「できる限りのことをしたい」と言って、その「できる限り」の意味が、できるだけ長く心臓を動かし続ける意味でしかない場合がある。それは果たして最愛の人に、できる限りのことをする結果になるのだろうか。それはどうも違うように思う。最期の場面を安楽に過ごす際に、血管が確保できるぎりぎりまで点滴が必要になるという思い込みはしてほしくない。点滴の針を引き抜く人がなぜ多いのか。ゆがんだ表情で点滴を受けている人がなぜ多いのか。必要最低限の水分しか摂っていないはずなのに、手足がむくんでくるのはなぜなのか。逆に、点滴を一切行わずに水分も摂っていない人の体内から尿や体液が排出されるのはなぜか。それらの人々が、最期を迎える時間を過ごす中で、のどの渇きや空腹感を訴えずに、表情が安らかな人が多いのはなぜか？　そのことは医学的に答えが出ているわけではないが、体が自然に死になじんで、死への準備を始めているということはあり得るのではないだろうか。その時に血管が確保できるからと言って、無理やり水分を流し込むことに何の意味があるのだろうか。前述したように、終末期の過ごし方・迎え方は、旅立つ人だけに意味があるのではなく、周囲の人にも意味があるのだから、家族の善意と愛情に基づく決定はすべて受け入れられても良いとは書いた。ただ、その時、本当に愛する人を最善の方法で送りたいと思うならば、単純に心臓を動かす時間が長かったという尺度だけではなく、本当に死を迎える瞬間まで、愛する人が安楽であるのか、そのことを測る基準にはどのようなものがあるのかを多角的な視点から見つめて、その上で判断してほしいと思う。愛する誰かのために、そのことを真剣に考えてほしいと思うのである。

そういう意味からも、終活セミナーなどに参加して、自分と自分の愛する誰かの人生の最終章を考えることは重要であると思うが、そうであれば、介護保険施設関係者は、積極的に地域住民向けの終活セミナーを企画する必要もあるのではないだろうか。

２０１５年度から特養での看取り介護加算算定要件として、計画（Ｐｌａｎ）、実行（Ｄｏ）、評価（Ｃｈｅｃｋ）、改善（Ａｃｔｉｏｎ）の頭文字をとって表されるＰＤＣＡサイクルの構築が求められている。この中の改善（Ａｃｔｉｏｎ）部分で求められている、「看取りに関する報告会の開催」と「入所者及びその家族等、地域への啓発活動（意見交換）」については、現在は「啓発活動を行うことが望ましい」という規定となり、必須項目ではなく努力義務とされている。しかし、社会福祉法人の地域貢献という側面を考えた場合、特養での看取り介護を通した支援から、安心と安楽の終末期支援の方法論を地域に情報提供することには意義がある。そのために、施設内で適切な看取り介護の理念と方法論を構築した上で、地域への啓発活動を行っていくことは特養に求められる使命である。その時、単純に「看取り介護報告会」を家族や地域住民に向けて行うとしても、それに対して興味を示してくれる人は多くないのではないかと思う。

そうすると、「看取り介護」の問題を、自分の家族あるいは自分以外の第三者の問題と捉えるのではなく、自分自身にも関係することという観点を持っていただくことで、この報告会への参加意欲や動機づけにつながるのではないだろうか。そのためには、地域への啓発活動は、単に「施設での看取り介護の報告会」として行うのではなく、そうした報告も含めた「終活セミナー」として行うことが有効となるのではないだろうか。そしてそのことが、結果的にＰＤＣＡサイクルの構築の中で求められる「地域への啓発活動」につながるのであれば、一石二鳥と言えるのではないだろうか。

PRIDE 5-6

終末期の点滴対応について職種間の対立から考えたこと

～事後評価によりサービスの質・モチベーションアップにつながる

看取り介護の事後評価のために「看取り介護終了後カンファレンス」(デスカンファレンス)を行うことは、非常に重要なことである。そこでは各職種それぞれの評価をまとめて、総合評価につなげるという作業が行われる。そのためそこで喧々諤々とした議論があるのは当然で、その際に特定職種の意見だけが結論となるのでは困る。特に看護職員と介護職員との関係で言えば、どうしても看護職員の意見に介護職員が従わざるを得ないという流れになりがちで、看取り介護終了後カンファレンスを行うようにした当初は、そうした風潮があった。

しかし、カンファレンスを重ねる中で、介護職員が意見を出して議論するという力がついてきた。それは事後評価をしっかりと行うことによってスキルアップが図られた結果であるとも言える。それがケアサービスの品質アップと、職員のモチベーションアップに結びつき、そのことはやがて、利用者から選ばれる施設につながり、職員の定着率が向上することにつながっていく。そういう意味でも、看取り介護終了後カンファレンスは重要なのである。ただしカンファレンスでは、評価として結論を導き出す必要がある。結論をあいまいにしたまま、消化不良の議論で何となく会議が終わってしまうのでは、チームとして意思統一ができないまま、疑問が解決できない状態で次の支援行為に移ることになる。そんな状態で良い介護ができるわけがない。介護の品質が向上するわけがないのである。

看取り介護終了後カンファレンスで、職種間の意見対立が見られ、結論が出ないまま会議が終了したケースがある。それを良しとせず、看取り介護終了後にも議論を重ねた結果、看取り介護とは何かということを、あらためて考えるきっかけとなったケースについて紹介したい。

看取り介護対象者の方の血管確保が難しくなり、一度点滴を中止にしたが、食事の経口摂取がまったくできなくなり、水分摂取も難しい状態になった後に、再度点滴を試みて看取ったケースがあった。再度血管確保ができる状態になった時、家族と介護職員から点滴を行わないことに対して疑念が示され、医師の指示をもらって点滴対応を再開した。しかし結果的には，点滴により手足にむくみが出て、補液量を抑えざるを得なかった。このことから本当に点滴再開の必要性があったのかという疑問が話し合われた。

報告書には、担当ユニットの介護職員からの、**「ルートがないとのことでいったん点滴を中止し、食事摂取できなくなってから再度開始となりましたが、点滴が行えるならもう少し早く再開できなかったのか疑問です」**という意見が記されている。

これに対し看護側からは**「急速な病状の変化はなく、○月末頃まで経口摂取可能な状態であり、補液については、血管確保困難であったため、苦痛を感じていたと思います」**という意見が記され、さらに、**「点滴対応を早くし、長く続けて命を永らえることが果たして良いものなのか？今回に関しては、ご本人の血管がもともとれにくい中で、休みながら対応したことで、再度点滴が可能な状態になる等の効果があることが分かった。しかし、点滴針を刺す・探す行為は痛みが伴い、ご本人にとってその時間が一番の苦痛だったのではないか。限られた時間を過ごすのであれば、少しでも楽な方がご本人にとっては良かったのではないか」**と疑問が呈されている。

そこには、むしろ血管確保が可能な状態になった後も、点滴を再開しない方が良かったのではないかというニュアンスが感じ取られた。

このケースの看取り介護終了後カンファレンスの報告書を読むと、介護職員側と看護職員側の意見の統一がされないまま、消化不良のままで評価が終わったように感じた。このまま本ケースの評価を何となく終わらせてしまうと、今後の看取り介護対応について疑問を残したままで、また同じような意見対立と、その都度の曖昧な対応が懸念される。そのため僕は、この問題に一応の結論付けをしようと思い、朝礼で僕自身の考えを述べさせてもらった。

その評価とは、結果的に看護職員側の意見に軍配を上げるもので、血管の再確保ができる状態になった後の点滴の再開についても、**「行わない方が、安楽に最期の時間を過ごせたのではないか」「少量の点滴で体にむくみが出たという結果から考えても、既に体は点滴を必要としない状態だったのではないか」**と疑問を呈した。もちろん、その評価には僕の価値観以外の根拠が必要だと考えて、２人の医師の著書の中の文章を紹介した。

・点滴注射の中身はブドウ糖がわずかに入った、スポーツドリンクより薄いミネラルウォーターです。「水だけ与えるから、自分の体を溶かしながら生きろ」というのは、あまりに残酷というものではないでしょうか*1。

・老衰の終末期を迎えた体は、水分や栄養をもはや必要としません。無理に与えることは負担をかけるだけです。苦しめるだけです*2。

・せっかく楽に自然に逝けるものを、点滴や経管栄養や酸素吸入で無理矢理叱咤激励して頑張らせる。顔や手足は水膨れです。我々は医療に依存し過ぎたあまり、自然の摂理を忘れているのではないでしょうか*2。

以上の文献を紹介しながら、**「そもそも看取り介護で一番重要なことは、最期の瞬間まで安心と安楽の時間を過ごすことであって、少しでも長く生命を維持することではないはず。点滴による水分やカロリーの補給が、身体の安楽につながるなら別だが、実際にむくみが出る状態などから判断すると、点滴を行うことが安楽につながっていないのではないかと思える。水分が摂れなくなったから点滴をするという考え方にとらわれず、点滴を行うことが安楽な終末期につながるのか、そうではないのかという観点からこの問題を考えてほしい」**と論評させてもらった。

このケースをきっかけとして、「自然死」とはどのような状態か、そして介護施設内での「看取り介護」の目的と、そこに求められているものは何かということについて真摯な議論が行われるようになった。前述した2人の医師の著書の抄読会を行うなど、幾度かの勉強会も行われた。そしてその結果、点滴を行わない安楽な過ごし方という選択肢もあるという意識共有がなされ、水分摂取ができなくなった人であっても、必ずしも点滴は必要ではなく、まさに枯れるように静かに息を引き取るという、安楽な終末期の過ごし方もあるのだということを我々は知ることとなった。

PRIDE ● 5-7

生きるを支える看取り介護は特別なケアではない

～看取り介護が職員のストレスとなるのはやり方が間違っているからだ

病院のベッド数が減る中で、死者の数が増え続けるわが国では、2030年には年間死者数が161万人を超えて、47万人の人の死に場所が見つからないと言われている。これがいわゆる「看取り難民」とか、「死に場所難民」などと言われる問題である。

逝く人すべてが息を止めるその瞬間に、傍らに誰かがいて、手を握って看取る必要があるわけではないし、そうできるわけでもない。死に至る過程で、安らかな時を過ごすことができるのであれば、死の瞬間に寄り添う人がいないことを、ことさら哀しむ必要はないのかもしれない。だからといって、第三者に看取られずに逝くことを薦めるのもどうかしている。その覚悟を促さざるを得ないケースはあると思うが、一人寂しく逝くことを推奨する必要はない。それは個人レベルで考えるべき問題であり、どうするべきかという問題ではないし、その判断に影響を与えるような容喙《ようかい》や誘導があってはならない。

しかし、逝く人が誰からも看取られずに息を止め、遺体が長い時間放置され、死臭によってその死が知られるという社会が当たり前だということになっても困るわけである。現在、わが国において、「孤独死」の定義は確立していないが、たとえばそれを、殺人や事故死以外の病死・自然死（老衰）で、死の瞬間誰にも看取られることなく、その遺体が24時間以上誰からも発見されずに、放置されている状態と仮定するとしたら、２０３０年にはそうした孤独死が、年間10万人を超えるのではないかと予測されている。そうならないように、病死・自然死する人が、最期の瞬間まで安心して過ごすことができる地域社会をつくるというのが、地域包括ケアシステムの目的の一つでもある。

そのシステムの中の居所として、施設サービスも存在するわけであって、看取り介護・ターミナルケアができない施設があってはならないし、居宅サービスの最終章も看取り介護・ターミナルケアである必要がある。つまり、すべての介護関係者がその取り組みに関わっていく必要があるのが、超高齢社会における地域包括ケアシステムなのである。

だからといって、看取り介護は特別なケアであるわけではない。命の期限がある程度分かっている人に対するケアであるとしても、それは決して死に向かうための準備ではなく、生きることを、その暮らしを支えるケアであるべきだと思っている。人生の最終ステージを、安心・安楽のうちに過ごすためのケアであると同時に、息を止める瞬間まで、人としてその尊厳が護られて、その人らしく最期まで生き抜くための支援が求められているのだと思う。そしてそれは、日常ケアと切り離して考えられるものではなく、看取り介護はケアそのものなのである。
つまり、看取り介護は、対象者の死を待ちながら見守るということではなく、人として生きる過程で、その瞬間瞬間に必要な支援を考え抜くことが必要なのだと思っている。それはまさに「生きるを支えるケア」である。

ところで、こうした看取り介護に、特別なストレスがあると考える向きがある。2015年度の介護報酬改定で、看取り介護加算の算定要件に加えられたPDCAサイクルの構築要件にも、「多職種が参加するケアカンファレンス等を通じて、実施した看取り介護の検証や、職員の精神的負担の把握及びそれに対する支援を行う」と記されている。こうした規定は悪いことではないが、勘違いしてほしくないことは、看取り介護が、その時期以外の介護に比して、特段の精神的負担があるというわけではないということだ。

看取り介護が特別なケアではないという一面は、看取り介護だからといって、そこに特別な重圧が存在するわけではないということだ。もともと対人援助は、人の感情に巻き込まれやすいという特徴があり、統制された情緒関与の原則を意識して関わらねばならないなどの注意点は必要だが、それは看取り介護に限ったことではない。むしろ看取り介護は、人の命とその期限と向き合うことによって、命の尊さをより強く意識する結果を生み、看取る人と看取られる人の、双方がつくり出す様々なエピソードに触れることで、人としてこの世に生きる意味を知り、そのことが様々な感動を生む。そうした場面で、僕たちはストレスを感じて精神的な負担を抱える暇などない。常に感動に包まれながら業務に当たっていると言ってよいだろう。

看取り介護の実践が、職員のストレスとなって、精神的負担を増すとしたら、それはやり方が間違っているのである。

PRIDE 5-8

命のバトンをつなぐケア
～逝く人々から様々なものを得られるのが看取り介護だ

看取り介護では、亡くなられた方の命が、別の誰かにつなげられていくような瞬間に出合うことがある。人の歴史とは、人の命が様々な形で過去から未来へつながってつくり上げられているのではないか、と思われるそんな場面を、我々は「命のバトンリレー」と呼んでいる。

我々は看取り介護の実践という形で、命のバトンがつながるお手伝いをし、その中で感動し、時には涙しながら人として成長してきた。そして、看取り介護に関わることができることに感謝するようになった。看取り介護の実践を通じて、介護という職業が素晴らしい職業であることを再認識し、介護という職業の使命と誇りを感ずるようになった。それは、旅立っていった人の贈り物なのかもしれない。命のバトンリレーをお手伝いする私たちには、旅立つ人から渡されているものが確かにあるのだ。そんな事例を紹介したい。

祖母が看取り介護に移行したことを知った30代前半の孫夫婦が、小学校に入学したばかりのひ孫を連れて面会に来た時のことである。痩せて容貌が変化している曾祖母を見て、ひ孫は怖くて近づくことができなかった。しかし、面会を重ねるうちに、そこに寝ているしわ深い曾祖母が、自分の親のおばあちゃんだということを理解し、だんだんと怖がらずに近づけるようになった。そして介護職員から、「○○ちゃんの、ひいおばあちゃんの顔を拭くから手伝って。きっと喜ぶよ」と言われ、顔を拭いたり、唇を水でぬらしたりすることができるようになった。その姿を見て、その子の親である孫が、「自分が子供のころに可愛がってくれたおばあちゃんに、何十分の一でも恩返しができたかもしれない」と言って泣いていた。そのことを孫夫婦は、一生忘れないだろう。そして大きくなるにつれて、その時のことを忘れてしまうかもしれない自分の子供に、きっとそのことを伝えていくだろう。亡くなられたおばあちゃんの命が、こんなふうに孫からひ孫に伝えられて、それは永遠の命になっていくのではないだろうか。

嫁に行ってから一度も母親と暮らしたことがないという娘が、「死に目に会えなかったら、一生後悔する」と言って40日間施設に泊まり、ずっと母親の傍らで過ごし、職員とともに最期を看取った時、その方の頬を伝う涙は、周囲の人を感動させる清々しい涙だった。その時私たちは、亡くなられた母親の命が、娘の心にしっかり刻み込まれ、永遠のものとなる瞬間を見ることができたのである。そういう仕事に就いていることに感謝したいと思う。

こんなふうに、私たちは看取り介護の場で、逝く人々から様々なものを渡されている。個体としての生命はいつかは尽きてしまうが、人間としての存在は、人々の心につなげられ、人はいつか永遠なるものに変わっていくのだろうと思う。

だから命は素晴らしいし、尊いと思う。そのバトンリレーに関わることができることを心から感謝して、尊い命に対して謙虚に真摯に寄り添っていくことが、僕たちの「看取り介護」なのである。

引用・参考文献

＊1　中川仁一『大往生したけりゃ医療とかかわるな』78～79ページ　幻冬舎　２０１２

＊2　石飛幸三『口から食べられなくなったらどうしますか 平穏死のすすめ』85ページ　講談社　２０１３

PRIDE 6

誇り高き介護を創るために

僕達は，介護という職業を通じてたくさんの人々とつながり，寄り添うことができる。そこで小さな灯りをともすことができれば，世の中は少しだけ明るくなるかもしれない。誇りある介護を創ることで，世の中は少しだけ変わるかもしれない。たとえ変わらなくとも，誇りある仕事を続けることが，僕達の生きる証である。

PRIDE 6-1

介護サービスの割れ窓理論とカンフォータブル・ケア

～言葉を正すことがリスクマネジメントの基本

言葉を崩すことが、利用者に親しみを感じてもらう方法だと思い込んでいる人がいる。利用者はそのように思っている自分より若い人に、タメ口で話しかけられる。そのことに対して、舌打ちしたい思いを持っている人は多いだろうし、心の奥底で嘆き哀しんでいる人も多いのではないだろうか。今後、団塊の世代の人々の介護サービス利用が増えていくが、それらの世代の人は、企業戦士として高度経済成長期を支えてきた人達や、そうした夫を支えてきた妻達である。そういう人達は、我々の世代より上下関係に厳しく、サービス業の言葉遣いに敏感な世代である。そうであるがゆえに、サービスを提供する側の職員が言葉を崩すことを不快と感じる人は多く、同時に崩した言葉に傷つく人も多いのではないだろうか。

そうしないためには、誰もが不快にならない丁寧な言葉遣いが求められるのである。親しみやすさという言葉でカモフラージュされた言葉は、タメ口でしかない。それは無礼な馴れ馴れしい言葉遣いという域を出ない。そういう言葉を、仕事の中で使うことの恥ずかしさに気づくべきだ。

プロとして丁寧な言葉を使いこなして、親しみを持ってもらうべきである。それができない素人でどうすると言いたい。そもそも、保健・医療・福祉・介護以外のどの職業で、顧客に対してタメ口が許されるだろうか。そんな職業はほかには存在しない。我々は、言葉遣いに気を遣わない職業の異常さにもっと気がつかなければならない。

接客意識のない対人援助サービスは、目の前の人々を人と思わなくなる危険性を内包せざるを得ない。乱れた言葉を放置する対人援助サービスは、人の心を傷つけることに鈍感にならざるを得ない。そのことに危機感を持ってほしい。なぜなら、そこで傷つけられるのは、近い将来のあなた自身であるのかもしれないし、あなたの愛する誰かかもしれないからである。

そうであるがゆえに、我々が対人援助のプロとして主力になっている今この時代に、対人援助サービスが持ち続けてきた負の遺産を捨て去り、100年先の対人援助のスタンダードともなり得るサービスの質をつくっていかねばならない。その根幹をなすものが、僕が以前から提唱している「介護サービスの割れ窓理論」である。言葉の乱れを放置せず、丁寧語をスタンダードとすることである。丁寧語を使いこなすことができるプロによって支える介護を創ることである。

年上の顧客に、タメ口で対応することが許される職場とは、「特殊な閉ざされた空間」そのものである。介護サービスの場を、そんなふうにしてはならない。それは、我々の価値観によって何でもありの治外法権空間をつくることと同じである。そうしないために、我々は日常的に言葉遣いに気を遣うべきなのである。

介護という職業が、本当の意味で利用者の暮らしを護る職業であり続けるためには、顧客意識に基づく正しい言葉遣いや、節度ある態度で対応する基本姿勢を失わず、感覚麻痺に陥らない検証作業を繰り返す必要がある。この基盤がない場所で、どのような教育システムをつくったとしても、それはガラスの城でしかない。コミュニケーションで成り立つ職業であるからこそ、言葉を大切にする「介護サービスの割れ窓理論」を職員教育の柱にして、職場全体の意識改革が求められるのである。その意識の上に、正しい介護技術によるサービス提供を積み上げることでしか、人の暮らしを護ることはできないのである。

介護施設や介護サービス事業所の管理者には、言葉を正すことがリスクマネジメントの基本であるという理解が必要である。そういう意味からも、僕が提唱する「介護サービスの割れ窓理論」が介護サービスの場に深く浸透することを願ってやまない。

かつて僕は、言葉遣いの問題は、医療サービスの負の遺産を介護サービスが引き継いでいるのではないかと考えていた。そのため講演や講義では、医療機関で看護師が患者に話しかける際に、馴れ馴れしく無礼なタメ口を使った高飛車な姿を思い浮かべ、そのことを反面教師にして、そのような醜い対応を、介護サービスの場で行ってはならないと考えるべきであると主張していた。

しかし、そうした看護現場で改革の動きがある。それが認知症の人の看護に携わる医師や看護師によって実践されているカンフォータブル・ケアである。それは認知症の人に、心地良い快刺激を与えるケアとされており、認知症の人の行動・心理症状を鎮静化するとともに、看護者・介護者にとっても、ストレスフルな感情を払拭する効果や、患者への陽性感情をもたらし、技術を高めるプロ意識の発生とモチベーション向上により、燃え尽き防止にもつながっていくとされている実践法である。

僕はその方法論を専門的に学んだことはないので、正確にその方法論をここで示すことはできないが、カンフォータブル・ケアを実践している看護職員を見ると、認知症の人に対して、笑顔で視線を合わせて接していることが分かる。笑顔は人に伝染するということの実践ではないだろうか。

そして認知症の人に話しかける言葉も、敬語である。認知症の人は、毎日親しく接する看護職員・介護職員であっても、毎日その人の顔を忘れてしまう。そのため、いきなりタメ口で話しかけられたら、恐怖か不快しか感じないのである。カンフォータブル・ケアの基本は、快刺激を与えることなのだから、言葉がそのことに重要な役割を果たしているという意味は、いかに敬語・丁寧語以外が認知症の人にとっての不快要因であるかの証明であり、そのことは僕の提唱する、「介護サービスの割れ窓理論」とまったく同じ考え方であると言って良いものだと思う。さらに、カンフォータブル・ケアの実践者を見ていると、適切なスキンシップを大事にしていることも分かる。快刺激を与える＝その人にとって不快な話題はできるだけ避ける、ということにも注意が向けられている。

認知症のケアの方法論として、バリデーションとか、パーソンセンタードケアという考え方があって、利用者を中心に、利用者本位で考えることが、認知症の人の気持ちを理解するために求められることであることは広く知られているが、同時に、関わる看護職員・介護職員等の接し方を、快刺激・不快要因という側面から分析し、サービス提供の方法論に組み込む考え方は画期的であると思う。看護を提供する側の対応を重視する方法は、対人援助のプロの自覚を促すという意味でも、とても優れた方法に思える。

このように、医療と看護の現場において、薬剤に頼る治療ではなく、看護者としての自分達の対応の仕方により、認知症の症状を改善する取り組みがされ、その中で看護のプロとして、正しい言葉遣いがされるようになってきている。本来この方法論は、介護の現場でこそ先進的に行われるべきではないのだろうか。いや、それはどちらでも良いが、すべての看護者・介護者が、親しみやすさと勘違いして使う、馴れ馴れしい無礼な言葉が、言葉をかけられる人にとっては不快要因であることを自覚して、新しい言葉のスタンダードをつくっていくという意識に目覚めてほしい。そして、せっかく看護の専門家がそのようなケアを実践している場においても、それを見習おうとせずに、タメ口を直さない介護職員がいることを恥じてほしい。

今現在、教育課程でも、資格取得課程でも、看護のそれは介護より高いレベルにあるというのが常識だ。そのような中で、誰でも実践可能な言葉の改革さえも遅れをとるようなら、介護職員の大幅な待遇改善など期待できない。介護を悔悟にしないためにも、看護の場に負けない適切な言葉遣いを、介護サービスの場から発信していく必要があるのではないだろうか。

PRIDE 6-2

介護に求められるホスピタリティ・ファーストという考え方
～思いやり・心からのおもてなし

２０１４年、神奈川県川崎市の有料老人ホームで入居者３人が相次いで転落死した事件は、後に元職員が利用者を投げ落として殺害した事件であったことが発覚し、関係者に大きなショックを与えた。その時３人の利用者の命を奪った犯人の犯行動機は何なのかと問う議論の中で、介護現場のストレスが原因であるかのような論調が一部に見られた。しかし、それは少し違うだろうと言いたい。仕事にストレスがあるからと言って、罪なき高齢者の命を、あれほど冷静で計画的に奪うという犯罪行為が連続して行われるわけがない。あの事件の犯人はサイコパスが疑われる。この犯罪と介護ストレスを同じテーブルで論ずるべきではない。

一方で、この施設では、犯人以外の複数の職員が、利用者に暴言を吐きながら介護を行っていたことが、家族の隠し撮ったビデオ映像によって明らかにされた。果たしてそれはストレスの結果なのだろうか。もしそうだとしたら情状酌量の余地があるとでも言うのだろうか。僕はそれも違うと思う。隠し撮りビデオに映された職員は、大声で利用者を罵倒している。日常的に繰り返されていたとおぼしきその罵詈雑言が、上司やほかの職員にまったく気がつかれなかったということは考えにくい。するとこの施設では、隠し撮りビデオに撮影されたような不適切な言動が日常的に繰り返され、そのことを誰も問題視せず、注意する環境にはなかったということだろう。それはストレスとは関係のない、単なる感覚麻痺であり、虐待行為でしかない。

対人援助は、他人の身体に直接アプローチし、他人の感情と直接向かい合わねばならないことが多く、その感情に巻き込まれることもあるし、精神的負担を感ずることも多い。だからと言って、全国で約177万の介護職員が、ストレスのために多かれ少なかれ、虐待行為に走っているという事実はない。多くの介護職員は、何らかのストレスを抱えていたとしても、それ以上に介護という職業の使命を感じ、やりがいを持って対人援助の仕事を続けているのである。介護職員のマジョリティは、虐待行為と無縁の仕事をしている人々であると声を大にして言いたい。隠し撮りビデオ映像に映っていた姿が、「氷山の一角」などというのも間違った考え方だ。我々が漕ぎ出している海に、そんな氷山など浮かんでいない。隠された部分に闇を抱いている職場では決してないのだ。

お客様である利用者に対する言葉遣いは「丁寧語」であるべきだし、親しみやすさを理由にして、言葉を崩す必要はないことを何度も主張してきた。しかし、言葉遣いを正しくすることを、「気取っている」とか、「杓子定規」だとかいう言葉で否定する輩がなくならない。それは、低き精神に流れているだけで、学びの精神のかけらもない、スキルの低い人間のたわごとだ。

誇りある職業であるならば、気取りだって必要になる時があるだろう。それともそれらの人々は、自らの職業を卑下しているのだろうか。その精神の貧困さは救いようがなく、そうした精神構造はみじめでしかない。

介護サービスは、人の暮らしに直接向かい合う仕事である。そこでは、人の暮らしに深く介入する必要があるものだ。利用者が、他人に知られたくはないと考える部分にも踏み込んでいかざるを得ない場合もある。そうであるがゆえに、人の感情には敏感であるべきだ。

介護のプロとして自身の表情にも気を遣い、笑顔で対応することは当然であり、我々の支援行為を気持ち良く利用・享受していただくための配慮も必要である。それができて初めて対人援助の専門家と呼ぶことができるのだ。それができなければただの素人だ。そんな素人が、生活の糧を介護サービスで得ていることの方がどうかしている。そういう人は、さっさと別の仕事を探すべきである。

これからの介護には、「ホスピタリティ」の視点が求められてくる。「ホスピタリティ」とは、「思いやり」「心からのおもてなし」という意味であり、相手に不快感を与えないための最低限のルールやマナーを守った上で、そこに「心」が加わると、「ホスピタリティ」になる。

介護サービスを気持ち良く利用していただくためには、心からの配慮が必要とされるのだから、最低限のマナーを守ることは当然であり、そこに心を加えてホスピタリティ意識を高めようというのは、介護イノベーションとして、新しい介護のスタンダードをつくり上げる上で、必ず必要となる考え方である。

PRIDE ● 6-3

感じの良い支援者を目指してください

～ケアに付随する様々な「心配り」ができる専門職

僕が住む街の桜は、毎年ゴールデンウイーク明けの5月に咲き始める。毎年その時期には、僕が非常勤講師を務める介護福祉士養成校の2年生の介護実習が始まる。実習先の指導者には、彼らが満開の花を咲かせられるように導いていただきたい。

僕の教え子が、実習を目前にして「1年時の実習ではうまくできなかった、おむつ交換がうまくできるようになりたい」という抱負を述べた。そういう目標を持っても悪くはないと思うが、僕はその生徒に実習中におむつ交換がうまくなることより、もっと大事なことがあるという話をした。「おむつ交換技術」がうまくなることに気を取られ過ぎると、「見えなくなるもの」があるのではないかと心配したからだ。

実習中に介護技術を学び、その技術を向上させることは必要であろうが、実習中にテクニックをすべて覚えなければならないという考えは違うと思う。テクニックの差など、学生の時期にあまり気にする必要はないと思っている。実習中にすべての介護技術を習得せずとも、就職して数カ月過ぎれば、そうした介護技術は身につくものだろう。その証拠に、学生が就職した後に、「おむつ交換」ができないことを理由にして辞めたという話を聞いたことがない。言葉は悪いが、「おむつ交換」という作業のみを考えるなら、それは単純作業である。誰にでも習得できる作業技術である。約ひと月の実習で、その技術を覚えられないというスキルを問題視する見方もあるのだろうが、その技術を磨くために誰が実習生からおむつを替えられるのか、ということを考えると、別の視点があっても良いのではないかと思う。

介護サービスの現場で求められるのは「おむつ交換」という作業技術ではなく、排泄介助としてのおむつ交換である。そのことがケアであるという意味は、おむつ交換に付随する様々な「心配り」がごく自然にできるということである。その中で一番大事な「心配り」とは、羞恥心に対する配慮であり、おむつを使わざるを得ず、その交換を身内ではない他人に委ねなければならない人々の気持ちを理解し、心の負担を少しでも軽くする配慮である。そのことを考えると、学生時代に確実に身につけなければならないものは、おむつを使わざるを得ず、そのおむつを実習生という立場の他人に交換される人の「羞恥心」に配慮することである。そのことを無視した作業技術の向上など、百害あって一利なしと言いたい。おむつ交換技術だけを求める実習では、将来の学生の「伸び代」を削ってしまうことになりかねないのだ。

介護実習受け入れ事業者の実習指導者は、そのことを肝に銘じて実習プログラムを立ててほしい。そして、実習に臨む学生自身には、技術の基盤となる心配りがなぜ必要で、その心配りをどういう時に、どういう方法で技術と結びつけるのかを、実習期間中にずっと考え続けてほしい。おむつ交換という行為を実習の中で行うということは、実習生におむつ交換という行為をされなければならない人が存在するということである。学生にはその意味を深く考えてほしい。援助技術も、専門知識も未熟で、関係性も深まっていない学生という立場で、人間の尊厳に深く関わる排泄介助というものを、学生という立場の者が行って良いのだろうかという疑問符を持って考えてほしい。そういう視点を持ちながら学ぶ姿勢が、介護実習に臨む学生に求められるのではないだろうか。
おむつ交換をされる高齢者は教材ではない。尊厳ある人間である。それらの人々は、一人ひとりが、この国を支え、地域を支え、家族を支えてきたかけがえのない人々なのである。我々は、そうした人々の身体介護に関わることを許される関係性を持たねばならないし、そのためには謙虚にお世話させていただくという気持ちを常に忘れてはならないのだ。学生の知識と技術を高めるために、人に見られて恥ずかしい部分もすべて晒して、学生のために協力してくださっている高齢者の方々に、心からの感謝の気持ちを持って、そこに学生達の心を配りながら、真摯に勉強させていただくという思いを持つことが、学生時代の実習に一番求められることではないだろうか。

だから…全国の介護実習生の皆さん。どうぞ、人の心の痛みを分かる人になってください。人が人に対して恥ずかしさを感ずる時、私達は何をすべきか、どのように配慮して心の負担を軽くすることができるのかを考える人になってください。

良い技術を持つ前に、良い心を持つ人になってください。感謝して、もてなす心、どうぞそれを大切にしてください。

身体の介護を必要とする人は、颯爽とした立派な介護を受けるよりも、感じの良い介護を受けたいと思っているのじゃあないでしょうかね…。感謝の気持ちを持った心配りができれば、皆さんは感じの良い介護職員になれるのではないでしょうか。
どうぞ、誰からも愛される桜のように、誰からも愛される、感じの良い介護福祉士になってください。

PRIDE 6-4

喜怒哀楽を包み込む暮らしの場
～笑顔あふれる施設というキャッチフレーズは僕達の目を曇らせる

介護施設のホームページなどに、「明るい笑顔があふれる施設」などという表記がされていることがある。しかしそれは嘘だ。そのような明るい笑顔ばかりがあふれている施設は存在しない。施設の中には、笑顔のほかにも、様々な感情が常に存在し続けている。だがそのことを恥じる必要もない。

介護施設が、利用者の笑顔を追求し、すべての人が幸福に暮らせるようにサービスの質を高めようとすることは当然あって良いし、笑顔あふれる施設づくりという理念を掲げることを否定する何ものもない。しかし、人の感情は様々だ。良かれと思って僕達が対応した結果に、すべて肯定的な反応が返ってくるわけではない。それもごく自然なことである。その時に笑顔あふれる施設という看板やキャッチフレーズは、僕達の目を曇らせるだけだろう。

笑顔以外の表情をつくる時の、利用者の感情を見逃してはならない。そのためにはその感情を否定しないことである。自分の施設ではそのような負の感情を利用者に与えることはないなどと決めつけないことが大事だ。目指すものが常に実在するわけではないし、ないものが実在するかのような表現は、顧客だけでなく、内部の職員にも間違った意識を植えつけかねない。むしろ僕達は、そこには様々な感情が存在し、笑顔の裏に隠された様々な感情が生まれ続けることを常に意識すべきである。僕達がどんなに暮らしやすい施設にしようと努力したとしても、複数の人間が暮らしている場所には、そこに暮らす人々の負の感情が必ず交差している。それは、喜怒哀楽の感情を持つ人としてごく当たり前のことだ。人はいつも笑って過ごすわけではないのだから…。

こんなに頑張って、こんなに良いケアを提供しているのだから、きっと利用者みんなが満足しているだろうというような考え方が一番良くない。そうした考えは、利用者の感情変化に鈍感となり、利用者が今感じていることと意識のずれを生じさせる。そのことは利用者への関心が薄れるということと同じ意味である。それがなぜ怖いかと言えば、利用者の負の感情を見逃す先に、必要なケアの放棄という状態がつくり出されかねないからである。

お正月の介護施設には、たくさんの利用者の暮らしがある。そこは恵まれた環境で、行き届いたケアサービスが提供され、おせち料理をはじめとした豪華でおいしい食事が連日のように提供されているのかもしれない。職員は誠心誠意の心で接しているのかもしれない。しかし同時にそこには、自分の家で新年を迎えられない人の哀しみやあきらめがあるかもしれない。面会に来ない家族に対する憤りがあるかもしれない。周囲にたくさんの人々がいたとしても、身内が一人もいない孤独に打ちひしがれている人がいるかもしれない。笑顔の裏側に隠された慟哭があるのかもしれないのだ。

僕達は、そうした心の機微を常に意識して、その心にそっと寄り添う気持ちを忘れない人であるべきだと思う。僕達がその時に、すべての寂しい人々の心の拠りどころになるなんてことはできないし、すべての哀しさを優しさで包み込むこともできない。自分はさほど偉大な存在ではない。しかし、寂しい気持ち、哀しい心、怒りの感情、あきらめの思いを持つ人々の心の在り様を想像し、その思いを受けとめて、その思いに共感することはできるだろう。その時に初めて、様々な思いを持った人が求めるものが、少しだけ理解できるのではないだろうか。

介護施設のサービスとは、幸せと笑顔を押し売りすることではなく、人の喜怒哀楽を包み込んで、受容し、そういう思いを持つ人々を思い続けることである。笑顔をつくるより先に、哀しい人や寂しい人を愛することである。その先は僕達がつくるのではなく、僕達が寄り添う人々が自らつくり出すのだ。

PRIDE 6-5

気づく力、気づく心
～目の前の利用者の暮らしぶりに関心を持つこともスキルだ

介護を必要とする人にとって、直接身体に触れて介護をしてくれる人が、そこで気がついてくれないと、解決しない様々な不具合が存在する。不具合を自ら明らかにできない理由は様々である。たとえば、それは本人が不具合と気がつかないまま、生活の質が知らず知らずのうちに低下している状態であるかもしれないし、何らかの能力低下で不具合を訴えられないという状態なのかもしれない。どちらにしても、自分以外の第三者に気がついてもらわねば、不具合がなくならないのだ。

だから、介護サービスに携わる人に一番求められる能力は、「一番近くで気がつく能力」である。しかし、一番近くと言っても、それは精神的距離間ではなく、空間的距離間のことである。我々は家族に成り代わって介護を行うとしても、決して家族と同じ精神的距離に近づくことはできないし、近づいてはならない。対人援助の専門家として、適度な精神的距離感を保ちながら利用者に接しないと、無礼な馴れ馴れしさで、気づく心を曇らせてしまうだろう。

施設サービスのように、利用者の暮らしの場に介護サービスがあるからこそ気がつけることもある。空間的距離感が近い場所でしか気がつけない様々な不具合というものが存在し、それを一つひとつ解決することでしか生活の質が高まらないということがあるのだ。

たとえば、排泄パターンに沿ったトイレ誘導が必要な方。定時トイレ誘導で普段は排泄の失敗がない方がいたとする。ところが、その方の旧友が面会に来られた時に、一緒にティータイムを過ごし、いつもより多くの水分を摂取したとする。この時、暮らしの場で、介護職員がその様子を見て取って、そこに気づきがあり、気配りができれば、いつもよりトイレ誘導時間の間隔を短くして誘導できる。これは、暮らしの場とケアが一体であるサービスのメリットだ。

介護施設に勤める職員は、どうかそのことを大事にしてほしい。逆に言えば、この空間的距離の近さを生かすことなく、気づきがない場合、それは単に要介護高齢者を囲い込んでいるだけの密室空間ということになる。そういう意味では、真に必要とされる暮らしの場であるのか、介護の闇の部分を形づくる密室空間に成り下がるのかという分かれ目が、職員が気づきを大切にするかしないかであると言えるかもしれない。

気づきの基盤となるものは想像力である。"なぜ"と感じる感性である。そしてそれは、興味と関心に深く関連している。利用者の暮らしに興味と関心を抱かない人の心に、気づきは生まれない。介護サービスに携わる人は、目の前の利用者の暮らしぶりに関心を持つこともスキルのうちだと考えてほしい。ただし、関心を持つ人の心には、大切な気づきが自然発生するわけではない。気づくことの大切さを意識し、気づくための習慣づくりをしていかない限り、気づきが一過性に終わり、介護支援に結びつかないのである。

介護施設で働く人は、利用者のプライベート空間に配慮するという気配りも忘れないでほしい。利用者の暮らしの場である居室に入る時に、利用者への配慮の気持ちを全く持たずに挨拶もなしに入室したり、退室したりしていないだろうか？　どうかこの時に、他人の家にお邪魔する時のような配慮を持つという感覚を失わないでほしい。入退室する際には、利用者の方々にご挨拶をして、その表情や動作を確認することを習慣づけてほしい。

体交枕がずれてしまって、苦しい体位になっていたとしても、そのことを自ら訴えることができない人がいるのだ。その際の不自然な姿勢や、苦しげな表情に気がつくことは、日常的にそこで介護サービスを提供するあなたにしかできないことなのだ。どうぞ、そのことを意識せずとも気がつくことができるように、人への関心と興味を持って、表情と暮らしぶりを見つめる人でいてほしい。それだけで変わるものがある。それだけで、あなたの周りに笑顔が増えるだろう。

そういう人達がたくさん存在する職業であるなら、誰しもが介護という仕事に誇りを持つことができるであろう。そして、その誇りはやがて、この国の新しい未来をつくる力の一つになっていくことだろう。

PRIDE ● 6-6

求められるデリカシー

～「○○様、ダメ」という声かけから見る言葉遣いの本質

デリカシーとは、**「感情、心配りなどの繊細さ」**という意味である。それは、人に対する「思いやり」が根底にあるもので、きめ細やかな心配りとでも言って良いものだろう。

介護サービスの場では、顧客である利用者に対して正しい言葉遣いが必要となるが、言葉遣いが適切であっても、デリカシーがないと、せっかくの正しい言葉がおかしな響きになって聞こえてしまうことがある。言葉に心を込めるためには、デリカシーが必要なのである。

数年前、ある医療機関で「患者をニックネームや、ちゃん付けで呼んでいる」という問題が表面化し、その改善策として必ず苗字に様をつけて呼ぶようにするという対策が取られた。僕がたまたま用事があってその医療機関を訪ねた時のことである。廊下に置いてあった車輪付きの台に載せられた医療器具を、入院されている高齢女性（おそらく認知症の方）が触ろうとしていた。すると、近くにいた看護師がこう叫んだ場面に出くわした。

「○○様、ダメ、やめなさい！」

仏作って魂入れず、という諺が思い浮かぶ場面であるが、患者さんの呼び方だけに焦点を絞って、お客様に対するサービスを行う上での言葉遣いという本質を考えないことで、そのようなおかしな言葉の使い方になってしまうのだ。

看護の〝看〟とは、手を眉上にかざして見るという意味である。それは「いつくしむ心」を表す言葉である。患者と呼ばれる人々の心を串刺しにするのが看護ではなく、手を眉上にかざして、人間を見て、いつくしみ、護るのが看護である。その基本姿勢を持っているならば、あえて患者さんの呼称を様付けで呼びましょうという運動をしないでも、適切な態度や言葉遣いができて当然だと思うが、実際の看護の場では、「手を眉上にかざして見る」という言葉が、既に死語になっていると思われる場面にしばしば遭遇する。

言葉は心になるから、できるだけ適切で、その場にふさわしい使い方をするよう努めるべきだと思う。言葉だけを変えても、行動が変わらないと意味がないという主張はそのとおりであるが、言葉を適切にすることによって、不適切な行動を抑止する効果があると思う。そしてそこに、デリカシーというエッセンスを加えることで、看護や介護のプロとしての基本姿勢が護られていくのではないだろうか。

たとえばどんなに言葉遣いが丁寧であっても、食堂で食事介助を行っている介護職員が、先に食事を終えて居室に戻ろうとする利用者さんに、**「おトイレ寄って行ってください」**と声をかけるとしたら、それがどんな丁寧な言葉であっても、デリカシーに欠けると言わざるを得ない。食事中に排泄を連想する言葉をそこにいる人すべてに聴こえるような声で発することは、食事をしている最中の人々に配慮がないし、トイレに行くことを他人に知られたくないかもしれない人にとっても配慮のない言葉である。

廊下を歩いている女性利用者に、職員が大きな声で元気よく、**「おトイレでおしっこ出ましたか?」**と尋ねるのもデリカシーに欠けると言えよう。排泄というのは、人前で大きな声で問いかけるような行為ではなく、少しでも羞恥心に配慮しようというデリカシーがあれば、耳元でそっとほかの利用者や職員に聞こえないトーンで言葉をかけるだろう。

私達の仕事は、高度なことをする前に、そうした日常的なごく当たり前の配慮を積み重ねる先に、人の笑顔や幸福につながっていくものではないだろうか。逆に言えば、ある特定場面を取り上げれば、素晴らしいケアを行っており、先進的な方法をとっていたとしても、日常的なそうした配慮に欠けていれば、利用者の不満や不快感は、その場所に常に存在していくことになる。デリカシーという感性を働かせることができる職員が何人存在するかで、その場所の居心地の良さが決まってくるのではないだろうか。

ＯＪＴでデリカシーの大切さを教え、デリカシーのある対応が日常化された職場こそが、私達自身が利用したいと思える介護サービスの場となっていくのではないだろうか。

PRIDE 6-7

心の中に自らを写すカメラを持っていよう

～一片の曇りもなく自らの行動を語ることができる姿勢

介護施設等で、職員の利用者に対する不適切な言動が発覚するきっかけが、利用者の家族による「隠し撮り映像」であるケースが増えている。介護サービスの場における様々な虐待報道があると、認知症で正確な状況を自ら訴えられない人の家族は、自分の親が介護施設等の中で、どのような扱いを受けているのか、適切なケアを受けているのだろうかと不安になって当然である。そうであれば、特段不適切な行為があると感じられない施設であっても、今後家族が隠し撮りして状況を確かめようとすることは十分あり得るだろう。

その行為は、自分の家族のプライベート空間を、家族を護ろうとして隠し撮るわけであるから、違法性は問われないだろうし、そこに映っているであろう施設職員の行為は、施設職員のプライベート場面ではなく、施設サービスという業務としての行為であり、このことを隠し撮ることも、特段違法性はないように思える。このあたりの法律論は多少怪しい部分もあるかもしれないが、そのことはともかくとしても、介護サービスの実態が、隠し撮りされる機会は多くなりこそすれ、少なくなったり、なくなったりすることはないだろう。その時、僕達介護施設関係者は、そうした行為をどのように考えたら良いのだろうか。

前述したように、僕は隠し撮りをしたくなる家族の気持ちをもっともだと思っている。そうであれば、隠し撮りをされることについて、「自分達のことを信用できないのか」と憤るのではなく、「信用したいから隠し撮りする家族もいる」と考えて、いつどこの場面で、職業として介護に携わっている自らの姿がカメラに撮られても、恥ずかしくないようにしようと考えれば良いのではないかと思う。実際に隠し撮りのカメラを設置する家族がいたとしても、それをとがめるのではなく、そういう気持ちになるほど、家族というものは自分の身内を愛し、自分の身内の心配をするものなのだと考え、そういう人達が安心できる日常の対応に心がけてほしいと思う。

むしろ、隠し撮りカメラがなくとも、自らの心に、自らの行動を映すカメラを常に持ちながら、いついかなる時も、自らの行為を自分の心のカメラに映して、それを観て恥ずかしくない行動をするよう努めるべきだと思う。プライベートの時間に、そのようなカメラを心に抱く必要はないが、せめて自分が勤務している時間、自分が利用者と一対一で相対している時間だけは、自らの心の中に、自らの行動を映すカメラを抱いて行動することがあっても良いのではないだろうか。なぜなら、本来の介護とは、決して人に後ろ指をさされるような行為ではなく、誰からも喜ばれ、感動される行為ではないかと思うからである。

隠し撮りビデオ映像に映された、介護施設の職員の暴言と虐待行為は、世間からそれが介護現場の氷山の一角であるかのように言われ、どの介護現場にも多かれ少なかれ、そのような行為がはびこっているかのような批判が寄せられている。そのことは介護の現場で働く人々のモチベーションを下げるものでしかない。しかし、実際には、そのような行為とは無縁の介護事業者の方が圧倒的に多く、報道された虐待が氷山の一角とされるほど、介護事業の屋台骨は腐ってはいない。

事実、介護を職業として選択しようとする人の一番の動機は、「人の役に立つことができる仕事だから」というものであり、人の役に立つために日々の仕事に励み、自己研さんを続けている人は枚挙にいとまがない。そのよう人々が正当に評価され、それらの人々の思いが実現する介護サービスの場を、我々はつくり護っていく必要がある。

その証明は、自らが心に抱く仮想のカメラであって良いのではないか。自らが一片の曇りもなく、自らの行動を語ることができる姿勢であって良いのではないだろうか。…良心に基づいて。

PRIDE 6-8

誰かが笑うから、自分も嬉しくなるのです

～介護とは人の幸せに関わることができる尊い職業である

人は生活の糧を得るために仕事をする。しかし、仕事をする目的が、生活の糧を得るためだけであれば、仕事をするという行為は辛く苦しいものでしかなくなるだろう。仕事をすることで「やりがい」や「満足感」が得られて初めて、人は仕事をするという行為そのものに喜びを感じ、仕事を続けられるのではないだろうか。

多くの人は、職業を選択する時にその仕事が「自分に合った職業か」と考えるだろう。それは、その職業を選択して、やりがいを感じながら続けられるのかという選択であるとも言える。やりがいがあり、満足感を得ることができる職業とは、ゲームのような楽しさを味わえるという意味ではなく、その職業に誇りを持つことができ、その職業を通じて自分の存在価値を確かめることができるという意味ではないだろうか。

福祉援助や介護サービスなどの対人援助の職業における「やりがい」や「満足感」とは何だろうか。それは、自分以外の誰かの人生に寄り添うことで、誰かを幸せにすることができるという

「やりがい」ではないだろうか。

介護福祉士養成校の入学志望者が、その資格取得を目指す理由として一番多く挙げるものは、「介護は、人の役に立つことができる職業だから」というものである。彼らは誰かの役に立って、そのことで誰かの暮らしぶりを良くすることができるということに魅力を覚え、介護福祉士を目指している。それは人が、自分以外の誰かを愛し、自分以外の誰かを思いやることができることの尊さを知る存在だからではないだろうか。そうであるからこそ人が幸せに暮らすことに役立つことを誇りに感じるのではないだろうか。

しかし、現実には、資格は取ったが、仕事にやりがいや満足感を感じないまま、誇りを持つことができず、生活の糧を得る手段としてしか介護の仕事を考えられない人がいる。対人援助サービスを職業としながら、人の役に立とうとせず、人を幸福にしようとしない人が存在する。ハンディキャップを持った人々の尊厳を奪い、その心を傷つける人がいる。それらの人々の心の闇はどこから来るのだろうか。それらの人々は、なぜ対人援助の職業に誇りを持つことができないのだろうか。

世の中に存在する幸福に総量規制があるわけではないのだ。誰かが幸せになったからといって、そのおかげで自分が感じる幸せの量が減るわけではないのだ。人の不幸を踏み台にした幸せなんてあり得ないのである。人の心を傷つけて得られる満足など、己の醜い衝動でしかない。その醜さにいつか自分自身が押しつぶされるかもしれない。醜い衝動や、醜い欲求が満たされたとしても、そこには虚しさしか残らないからだ。

人は人との間で生きていける存在だ。誰かが笑うから、自分も嬉しくなるのだ。誰かのために灯りを灯せば、自分の周りも明るく照らされるのである。

介護とは本来、人として普通に人に関わるだけで、人に誇ることのできる行為である。そうした行為をサービスとして提供する職業とは、人の幸せに関わることができる尊い職業であり、介護を職業にする人は、誰かの心を慰めることができる赤い花のような存在になりながら、同時に生活の糧を得ることができるという素敵な職業だ。そこで一人の人が幸せになるとしたら、その人の幸せな姿を見て、その家族や親戚や友人達が皆幸せな気持ちになることができるのである。介護とは、そうした幸せの輪を無限に広げることができる素晴らしい職業である。そのことに誇りを抱き、人として何をすべきかを当たり前に考えることを忘れないだけで、そこにはたくさんの笑顔が生まれ、穏やかな日差しが差し込み、ぬくもりのある空間が広がるだろう。人を人として愛し、人間という存在を敬って、ごく普通に関わるだけで、我々は誰かの幸せに関わることができるのである。そういう素晴らしい職業の誇りを失わないように、自分ができることを、自分が注げるだけの愛を持ち続け、自分ができることをし続けたい。

あとがき〜介護の力

「介護の誇り」という言葉をタイトルにした本を上梓したいと考えたのは、僕が講演を行った会場で、受講者の一人から声をかけられたことがきっかけになっている。

その女性は、介護の仕事を辞めたばかりであった。しかし、かねてから僕のブログや著作本を読んでくださっており、お住まいのある地域で僕が講演を行うことを知って、会場に駆けつけてくれた。その方が帰り際に、「いろいろあって介護の仕事を辞めておりますが、また介護の仕事に就きたいと思いました」と言ってくれた。短い会話の中で察するに、彼女が勤めていた職場は、介護を単なる商売と考え、人を幸福にしようとする理念も方針も持たない会社だったようである。そのことに心を痛めて、介護という仕事からいったん身を引いた彼女が、僕の講演を聴いて、そういう職場や人ばかりではないことに気がつくと同時に、介護を必要とする人の傍らで、誰かを幸せにしようと真剣に寄り添っているたくさんの介護関係者がいることを知り、もう一度介護の仕事に復帰し、自分もそこで人の笑顔をつくるような仕事をしたいと考えてくれた。その1年半後、別の講演会場で再会した彼女は、介護職員として再就職しており、素敵な笑顔で近況を語ってくれた。その時の彼女は、とても楽しそうで、充実感にあふれているように見えた。

介護の職業からいったんリタイアした人が、僕の講演を聴いたことがきっかけとなり、介護の仕事に再チャレンジして、生きがいを持って仕事を続けられているのであれば、こんなに嬉しいことはないと思った。同時に、彼女と同じような事情で介護の仕事を辞めてしまった人や、仕事を辞めてしまおうと悩んでいる人が全国にたくさんいるのではないかと思った。それらの人々の多くは、介護の仕事を嫌いになったわけではなく、介護サービスとは呼べない、人を幸せにしない仕事の仕方に幻滅し、悩み苦しんでいるのではないのかと考えた。それらの人々が、本来の介護サービスの存在意義を再発見し、介護という職業の素晴らしさや、やりがいを見いだすことができる方法がないだろうかと考えた。特別ではなくとも、ごく当たり前の方法でつくり上げることができるものを示すことで、それらの人々に勇気を与えられるのではないかと思った。それらを講演会場に来ることができない人達にも、何らかの方法で伝えることができればと考えた。それができれば、介護という行為の使命感を感じられず、自らの職業に誇りを持つこともなく、人を傷つけることを何とも思わない事業者や個人をなくすことができるかもしれないと考えた。

僕の講演を聴いてくださった方がアンケート等に書き込んでくれるメッセージには、次のような言葉が連なっている。

「介護という職業のすばらしさを再認識できました」
「おかげで元気が出ました」
「また明日から気持ちを新たにして働こうという気持ちになれました」
「介護の仕事を始めた時の気持ちを思い出しました」

このように、僕の実践例を紹介することにより元気になってくれる人達がたくさんいることを知った。そうであれば、僕の言葉を文字にして、文章として伝えることで、より多くの人に勇気と元気を与えられるのではないかと考えた。本書の執筆動機と言えるものが、そこで芽生えた。

介護という仕事を続けたい人々も、介護を職業にしたいと考えた当初の動機を忘れかけてしまったり、見失ったり迷ったりしてしまうことがあるのだ。そういう人達も、人の当たり前の暮らしに少し目を向け、人として当たり前に手を差し伸べることで変わるものがある。そのことに気づいた時に、介護という仕事に誇りを持って取り組んでいけるのではないだろうか。その気づきがあれば、この業界に必要な人を失わなくて済むのではないだろうか。介護の誇りを伝えることで、この国の未来は少しだけ良い方向へと変わるのではないのだろうか。そのためには、理想論ではない、実践論としての「介護」を伝える必要があると思った。

本書は介護にスポットを当て、プライドを持って介護の仕事に携わる先に何が生まれるのかを数々の実践例から示したものである。できれば、本書を介護関係者だけではなく、高校生や中学生が読んでくれて、介護の仕事って素晴らしいということを理解し、介護福祉士等の資格を取得し、介護の職業に就くことを目指してくれることを願う。この国の未来をつくる若者たちが、本当の介護が何を生み出すかを理解し、介護という職業を通じて、未来につながる発信をしてほしい。そんな願いを持って執筆にあたった。

人の命や暮らしに深く関わり、命が燃え尽きる瞬間まで寄り添う介護とは、人の暮らしを豊かに変え、人に笑顔を運び、そうした幸福感を周囲に広げる力があると思う。それは、とりもなおさず、この国の未来を変える力ではないだろうか。

著者略歴

菊地雅洋

北海道介護福祉道場　**あかい花**　代表

北星学園大学文学部社会福祉学科卒業。特別養護老人ホームの施設長を経て現職。自身が管理する「介護福祉情報掲示板」（表板）は業界屈指の情報量を誇る掲示板。ブログ「ｍａｓａの介護福祉情報裏板」では一味違った切り口で、福祉や介護の現状や問題について熱く語る人気ブロガー。介護福祉関係の組織や団体から講演依頼を受けて全国を奔走中。

介護の誇り

2017年5月22日 発行　　第1版第1刷

著者：菊地雅洋《きくちまさひろ》©

企画：日総研グループ　代表 岸田良平　発行所：日総研出版

本部 ☎(052)569−5628 FAX (052)561−1218
〒451-0051 名古屋市西区則武新町3−7−15(日総研ビル)

日総研お客様センター
名古屋市中村区則武本通1−38
日総研グループ縁ビル　〒453-0017
電話 0120-057671　FAX 0120-052690

札幌 ☎(011)272−1821 FAX (011)272−1822
〒060-0001 札幌市中央区北1条西3−2(井門札幌ビル)

仙台 ☎(022)261−7660 FAX (022)261−7661
〒984-0816 仙台市若林区河原町1−5−15−1502

東京 ☎(03)5281−3721 FAX (03)5281−3675
〒101-0062 東京都千代田区神田駿河台2−1−47(廣瀬お茶の水ビル)

名古屋 ☎(052)569−5628 FAX (052)561−1218
〒451-0051 名古屋市西区則武新町3−7−15(日総研ビル)

大阪 ☎(06)6262−3215 FAX (06)6262−3218
〒541-8580 大阪市中央区安土町3−3−9(田村駒ビル)

広島 ☎(082)227−5668 FAX (082)227−1691
〒730-0013 広島市中区八丁堀1−23−215

福岡 ☎(092)414−9311 FAX (092)414−9313
〒812-0011 福岡市博多区博多駅前2−20−15(第7岡部ビル)

編集 ☎(052)569−5665 FAX (052)569−5686
〒451-0051 名古屋市西区則武新町3−7−15(日総研ビル)

商品センター ☎(052)443−7368 FAX (052)443−7621
〒490-1112 愛知県あま市上萱津大門100

・乱丁・落丁はお取り替えいたします。
・本書の無断複写複製（コピー）やデータベース化は著作権・出版権の侵害となります。
・この本に関するご意見は，ホームページへお寄せください。 E-mail cs@nissoken.com
・この本に関する訂正等はホームページをご覧ください。 www.nissoken.com/sgh

研修会・出版の最新情報は
www.nissoken.com
日総研 検索